江苏高校哲学社会科学研究课题《新时代工匠精神视域下高职学生劳动教育的路径研究》（课题编号：2019SJB617）研究成果之一；2019年江苏高校哲学社会科学研究立项课题《新时代高校党建与思想政治教育协同发展模式研究》（项目编号：2019SJA1532）研究成果之一。

新时代大学校园文化建设

程 莉 著

中国原子能出版社
China Atomic Energy Press

图书在版编目（CIP）数据

新时代大学校园文化建设 / 程莉著 . -- 北京：中
国原子能出版社 , 2020.9
ISBN 978-7-5221-0928-2

Ⅰ.①新… Ⅱ.①程… Ⅲ.①高等学校－校园文化－
建设－研究－中国 Ⅳ.① G647

中国版本图书馆 CIP 数据核字 (2020) 第 192167 号

内容简介

本书属于校园文化方面的研究著作，由校园文化的基本概述、校园文化建设的理念、校园文化建设与大学生社会主义核心价值观培育、大学校园文化建设的基本内容、网络时代的大学校园文化建设、大学校园文化的活动形式和内容、大学校园文化建设的实现路径等部分组成。本书以大学校园文化建设为研究对象，分析了校园文化建设的实践品格和技术路线，以及校园文化建设的体系构建和运行机制，最后对校园文化建设的个性化发展提出了建议，对校园文化方面的相关工作者和研究者具有一定的学习和参考价值。

新时代大学校园文化建设

出版发行	中国原子能出版社（北京市海淀区阜成路 43 号　100048）
责任编辑	高树超
装帧设计	河北优盛文化传播有限公司
责任校对	冯莲凤
责任印制	潘玉玲
印　　刷	定州启航印刷有限公司
开　　本	710 mm×1000 mm　1/16
印　　张	11.75
字　　数	220 千字
版　　次	2020 年 9 月第 1 版　　2020 年 9 月第 1 次印刷
书　　号	ISBN 978-7-5221-0928-2
定　　价	48.00 元

发行电话：010-68452845

前　言

随着我国改革开放和社会主义市场经济的深入发展，国际交流日益增多，各种思想文化激烈碰撞，与社会主义核心价值体系在大学校园角逐。大学是意识形态工作的前沿阵地，社会发展的各种特征也辐射到校园，使得当前我国大学校园文化的发展呈现出多元多变的态势。因此，加强大学校园文化建设，弘扬主旋律、传播正能量是亟待研究和探索的重大课题。

文化问题一直以来是关乎人类社会生存与发展的永恒主题。"国民之魂，文以化之；国家之神，文以铸之"。文化不仅是民族的灵魂、国家的软实力，还是人类不可缺少的精神家园。

对于大学而言，文化是大学之魂，贯穿于整个大学体系，体现于人才培养、科学研究和服务社会等方面，是大学自身可持续发展的动力和源泉。文化传承创新不仅是大学的重要职能、努力的方向，而且是一个历久弥新的课题。高等教育改革和发展越深入，大学校园文化的作用就越突出，建设任务就越艰巨。因此，大学应坚守使命，建设有鲜活个性特质的大学校园文化。

大学校园文化对于大学生的成长和发展具有重要作用，它无声无息地熏陶感染着师生的思想观念、价值取向、心理状态和行为方式。大学校园文化在发挥潜移默化育人功能的同时，还对社会发挥积极的引领和辐射作用，促进社会主义文化发展繁荣，推进社会主义文化强国建设，释放民族伟大复兴的强大文化力量。

本书属于大学校园文化方面的研究著作，主要论述了大学校园文化的梳理、新时代大学校园文化建设的理念、新时代大学校园文化建设面临的挑战与机遇、新时代大学校园文化的建设重点、大学校园文化的品牌建设与传播、新时代大学校园文化建设的趋势方面的内容。本书以大学校园文化建设为研究重点，并且理论结合实践，具有一定的理论与实践意义，对大学校园文化的从业者和研究爱好者具有一定的学习和参考价值。

目　录

第一章　基本要素——大学校园文化的梳理

第一节　解析历史：文化及大学校园文化的发展

一、文化的概念及分类

中国古代"文化"一词，通常指"以文教化"，即以诗书礼乐、道德伦理教化世人；亦以总称封建王朝的文治教化。至16、17世纪引申为对树木、禾苗的培养，进而指化育人类心灵、知识、情操和风尚，由物质生产引申到精神生产，故既有物质生产，又有精神创造的含义。在近代，中国翻译家借用了古代词汇译介相关语词，使"文化"一词吸收了外来意识而拥有了新的含义。文化是人类通过劳动和社会实践，协调人与自然、人与人的关系，实现人的本质，满足人的需要而创造出来的生活方式、物质与精神成果。关于文化的定义，从文化学奠基者泰勒以来就众说纷纭，至今已达140多种，而每一种定义都有一个观察分析的角度，都有存在的理由。

"文"在中国先秦已屡见于各种典籍。在《尚书》《论语》中"文"通"纹"，有花纹、纹路、纹理之意，引申为文字、文章、条文、文采、文雅等。"化"在《礼记》中为变化、造化之意。《易经·象传》始将"文"与"化"联用。文化的本质是"人化"，一切自然环境和资源，须经人类有意识、有目的地改造，只有在客体主体化后，才能纳入文化的范畴，否则终究属于自然形态。人类的一切物质产品固然是自然界的一部分，但因其包含了人类的心智活动，是主体化的自然物，所以变成了主体性质的东西；又因文化是有意识、有目的的人类劳动的对象化，它一旦被人创造，就独立于人的意识之外，不以人的意志转移而存在，并对人产生限制和影响，所以文化又是客体性质的东西。人置身于文化之中，对新文化的创造必须以现有文化为基础，从一定意义上说，文化创造了人，文化的重要产物就是人本身。由此可见，文化乃是客体主体化和主体客体化的动态统一。这个过程表面上是人与自然的关系，实质上隐含着人与人的社会关系。对人来说，后者更为重要。

文化的分类千姿百态。以内容划分，文化可分为第一层次的物质文化、第二层次的制度文化和第三层次的精神文化，又相应可称表层文化、中层文化和深层文化；以人类把握世界的不同方式划分，文化可分为认知文化、审美文化和价值文化；以时间顺序划分，文化可分为前现代文化、现代文化和后现代文化；以空间范围划分，文化既可分为本土文化和外来文化，又可分为大陆文化和海洋文化；以与一定生产方式的内在联系划分，文化可分为农业文化、工商文化、校园文化和信息文化，等等。

总之，文化的含义有狭义和广义之分。狭义的文化是指文学艺术，广义的文化则包括哲学、宗教、科学、技术、文艺、社会心理以及风俗民情等。校园文化也有狭义、广义之分。狭义的校园文化是指校园的文化艺术活动，是指学校的第二课堂。广义的校园文化，既包括物质的方面，也包括精神的方面；包含学校的教育活动、文化课余生活、学校管理以及校园建筑、环境等物质载体诸多方面。所以说校园文化指的是在校园环境中，由校园主体在教学、科研、管理、生产、生活等各个领域的相互作用中所创造出来的一切物质和精神产物以及创造的全部过程。校园文化的产生和发展，有其自身的客观规律。

二、大学校园文化的发展历程

学校作为一个系统，师生员工是校园文化创造的主体，教学、科研、学习、生活环境构成了从事文化活动的独特环境，而校园的各类活动则具备了文化产生的独特的创造手段。一种文化的产生，应当具备文化主体、创造文化的手段以及文化赖以存在的环境三个基本条件。具备上述三个基本条件，便自然而然地诞生了一种被称作校园文化的亚文化范畴。不论校园文化是否被人们意识到并加以研究，也不论这种文化形态是否为人们所认可并被人们利用，校园文化自学校诞生之日起就已经存在。而且，校园文化在整个教育发展历程乃至社会文化发展史中都有着独特、不可替代的作用。

我国现代大学校园文化是从 1898 年京师大学堂的创立开始的。

1905 年，施行于我国封建社会一千多年的科举制被废除，从而使兴办学校，尤其是高等教育的学校有了保证。辛亥革命之后，南京临时政府成立了"教育部"，并于 1912 年公布大学令，鼓励创办公立和私立的大学。1913 年，该部门公布大学规程，并于 1917 年加以修订。加上蔡元培在北京大学的管理实践（例如，建立由教授组成的评议会，鼓励教师、学生参与学校的管理；鼓励学术研究，成立各种学术社团和学生组织等），使大学成为一种具有蓬勃生机的先进文化和精英文化的典范。从很大意义上来说，北京大学的校园文化特色，成为中国现代大学校园文化建设的榜样。

抗战爆发之前，我国高校有 108 所，从 1937 年 7 月到 1938 年 10 月就被破坏了 91 所，一批重点大学内迁、合并（如北京大学、清华大学、南开大学迁到昆明成立西南联合大学，北平师院、北洋工学院、河北省立女师一部迁到陕西固城成立西北联合大学等），校舍、图书馆等设施毁于战火，大学校园文化遭到前所未有的损失。抗战中后期虽有恢复，后来又获得部分发展，但截至 1948 年，全国高校也只有 218 所，而且这些学校大部分规模都较小，师资和教学设施也都不全，教育经费匮乏。

与此不同的是，在中国共产党领导的革命根据地，教育事业却蓬勃发展。他们除兴办各类普及性学校之外，还创办了培养高级人才的高等学校，像抗日军政大学、延安大学、华北大学、白求恩医科大学等都为革命事业培养了大批有用人才，出现了风靡全国的"抗大精神"。新时代的中国大学校园文化开始出现，这标志着中国校园文化进入了一个新的历史时期。

中华人民共和国成立后，我国的大学校园文化获得了前所未有的发展机遇，校园文化蓬勃兴起。但是好景不长，1966—1976 年间，大学校园文化受到了人为的践踏和摧残。党的十一届三中全会以后，党中央拨乱反正，高等教育得到迅猛的发展，逐渐建成的一千多所高等院校不仅成为培养高级专门人才的摇篮，而且成为大学校园文化的重要阵地。改革开放后，我国大学校园文化发展迅速，其发展历程可分为下面几个阶段。

（一）大学校园文化的恢复发展时期

20 世纪 70 年代末 80 年代初是我国大学校园文化的恢复发展时期。此阶段我国大学校园文化的特点主要表现为文化的自发性和无序性。这主要是因为刚刚打破了困扰思想的精神枷锁，全国各地大学校园的思想领域突然间空前活跃起来。因此，这一阶段国内的大学校园文化开始逐渐地向教育方面发展，并逐渐趋于回归理性。尽管如此，1966—1976 年的历史影响和对大学校园文化的严重破坏导致了这一时期的大学校园文化停滞不前、杂乱无序，大学校园文化想要快速发展仍然面对较大的困难。

（二）大学校园文化的探索发展时期

20 世纪 80 年代，我国大学校园文化建设迎来改革开放的春风，借助于改革开放进入了有意识的探索发展阶段。改革开放对当时的中国在各个方面，特别是文化建设方面，产生了巨大的影响。在大学校园文化建设的探索发展时期，积极向上是大学校园文化建设的主流，不过并没有真正实现校园文化和思政、德育的有机结合。这就导致大学校园文化在思想政治教育和道德品质教育功能上达不到预期结果。

（三）大学校园文化的深化发展时期

20 世纪 90 年代，我国的大学校园文化进入了深化发展时期。这一时期的大学校园文化建设相比前期的两个阶段，凸显出更加理性化、多元化和规范化的特点。在这一时期，各高校普遍加强了针对大学校园文化建设的宏观管理和思想引导，为大学校园主流文化的积极、向上、正确的发展和科学育人功能的发挥提供了强有力的保证。各地大学校园文化的建设者开始注重大学校园文化建设的"三位一体式"发展，即将大学校园文化和思想政治教育、思想品德教育进行有机结合，这样就可以促进大学校园文化完整地过渡，即由原来的无序发展向有序发展、由原来的自由发展向自觉发展的过渡。这一时期大学校园文化的深化发展强化了大学校园文化的导向功能、激励功能、约束功能、调适功能和凝聚辐射功能。[1]

（四）大学校园文化的全面发展时期

随着改革开放的不断发展，社会对大学校园文化建设提出了更新、更高的具体要求。基于此，大学校园文化的建设者们在进入 21 世纪后，开始不断探索和谐校园的构建方法和策略。可见，我国大学校园文化已经进入多维全面发展的阶段。

三、大学校园文化的发展现状

改革开放以来，我国的大学校园文化蓬勃发展，历史上校园文化中的优秀精神被继承和发扬，其中弘扬社会主义文化、追求共产主义理想、精神文明建设、尊师重教等一系列内容作为新时期校园文化的基调被确定下来，并得到

[1] 那威，李娜. 改革开放以来高校校园文化的发展变迁与启示 [J]. 辽宁教育行政学院学报，2015(2): 50-52.

了丰富和发展。不容否认，在改革开放后，我国大学校园文化经历了几次较大的冲击，这曾一度给我国大学校园文化的发展罩上了一层阴影，相继出现了"六十分万岁""从政热""经商热""出国热""下海潮"等，阻碍了大学校园文化的健康发展。进入 20 世纪 90 年代之后，中国共产党在加强高校思想政治工作的同时，也注重大学校园文化的建设和提高，使我国大学校园文化得以发展，出现了内容健康、形式多样、规模扩大、层次提高、范围广泛、蓬勃发展的可喜局面。

（一）品味提高，活动面宽

纵观之前，校园文化的形式和内容较为单一，规模相对较小，影响力更是微乎其微。而现在大学校园的各种校园文化活动，丰富多彩，日新月异，形式多样，变化极快，风格高雅。事实上，一般性活动很难吸引学生，多数学生不愿参加。只有组织规范、层次提高的活动才能充分调动学生参与的积极性。另外，从单一的一项活动扩展为多项活动的联合（如综合性的大学生艺术节、社团活动月、学术活动周等）成为校园文化活动的重要载体，成为丰富多彩的校园文化活动的表象。

（二）领导者重视，参与者积极

进入 21 世纪以来，大学校园文化的发展更加欣欣向荣，学校党政领导者对校园文化的认识有了明显的提高，主要表现在以下三个方面。一是学校的领导者认识到必须用好的精神食粮和健康有益的文化活动占领校园文化阵地，他们对校园文化的关心和支持比以前更加主动积极。二是大学生毕业分配制度的改进，自主择业、双向选择、人才市场等，对大学生全面素质的高标准要求，使广大学校领导认识到，校园文化是全面提高大学生素质的一条重要渠道。三是各高等院校领导者思想上积极重视、行动上带头参与，推动了校园文化建设的繁荣和发展。

1. 思想重视，积极参与

学校领导者思想上重视，行动上积极带头开展活动、参与活动，和学生打成一片，从而对学校校园文化发展起到积极促进作用。

2. 党政工团齐抓共管，促进校园文化健康发展

党组织、共青团、学生会、工会在校园文化建设中各有侧重，扮演着不同角色。党组织发挥主导作用，共青团等组织在党组织的领导下，共同组织师生员工开展校园文化活动，使校园文化开展得到了组织保证。

3.经费上给予支持和保证

许多高校在财政预算中拨出专款，支持校园文化建设。以往校园文化的开展，更多的是出于自发地组织活动，领导默认；而现在组织活动大多是有计划、有目的、有安排的，把校园文化建设纳入学校整体工作的规划之中考虑，这样既提高了文化品位，又得到了经费上的保证和支持，效果更加理想。

（三）团体增多，活动规范

大学生中的学生社团组织在校园文化建设中起着举足轻重的作用，是校园文化建设的一支生力军，目前已成为我国大学校园文化建设中不可忽视的重要组成部分。

1.大学学生社团活动的形式

高等院校社团活动形式多种多样，内容丰富多彩，主要形式有以下几种：其一，举办讲座、学术报告会、讨论会、交流会、读书会等；其二，在符合国家出版法规和管理规定的前提下，出版刊物、文集；其三，举办各种展览、比赛；其四，举办各种培训班；其五，开展各种调查；其六，为社会服务等。

2.大学学生社团组织的类型

从目前情况来看，高校学生社团大体可分为以下四类。

其一，专业学术型社团组织。这种组织既有研究会、学社这样的社团，也有发明创造一类的社团。这类社团的人数不是很多，但种类较多，其中有以本专业和相关专业为主体组成的，也有跨系、跨学科的。它的宗旨是研究专业学术问题，普及学术知识，提高运用专业理论知识和解决实际问题的能力。

其二，政治理论型社团组织，即学习、研究马克思列宁主义、毛泽东思想、邓小平理论、"三个代表"重要思想、科学发展观、习近平新时代中国特色社会主义思想或是研究社会主义的社团组织。如马列主义学会、邓小平理论研究会、"三个代表"理论研究会、《中国共产党章程》学习小组、社会主义研究会等，它们目前在社团组织和成员总数中所占的比例越来越大，表现出政治性强、富有活力、影响较大等特点。它们宗旨明确，政治方向鲜明，得到学校各方面给予的积极支持和指导。

其三，文体娱乐型社团组织。这类社团几乎遍及所有高校。如各种文学社、艺术团、乐队、足球俱乐部，以及书画、摄影、音乐、武术、集邮等协会组织。

其四，社会服务型社团组织。这类社团有些与所学专业有一定联系，如科学咨询服务站、科技开发中心等；有些属于勤工助学性质，如学生自我服务中心等。这类社团以智力和体力为社会服务，带有有偿服务的特点。但也有一些属于社会公益性质的社团，如青年志愿者协会等。

（四）制度规范，文化定型

由于校园文化建设的不断深入、广泛的开展，校园文化已逐步走上了一条制度化、规范化的建设轨道，改变了过去那种自发形成、盲目发展的状况。为了保证大学校园文化良好的发展趋势，高校应做好以下几方面工作。

第一，把校园文化纳入学校整体工作中。高校应把校园文化作为育人的一个重要方面，制定校园文化建设的总体规划和实施办法，对校园文化进行统一协调和集中管理。有些学校还成立了由党团学组织联合组成的校园文化协调机构。

第二，对学校的学生社团等校园文化主要部门进行管理。有的大学成立了社团联合会、社团工作委员会，在学校党委领导下，由团委进行组织、指导和管理，并制定学生社团管理办法、学生社团条例等。

第三，对每个社团的成员和活动进行管理并建立活动申报制度，同时社团成员要办理社团工作证，这样才能保证社团活动的健康开展。

大学校园文化作为社会文化的亚文化，包括校园物质文化、制度文化、精神文化和交际文化等方面。目前，校园文化的各个层面都得到了较充分的发展，校园文化作为一种亚文化范畴的整体功能得到了充分发挥，已成为一种比较成熟、基本定型的文化。

（五）校际联合，外延扩展

随着我国改革开放的不断深入、学校与学校之间的交流日趋频繁、大学生校园文化的发展，仅在一个校园里的文化活动已不能满足当代大学生的文化需求。于是校园文化走出了校园，形成了与兄弟院校联合开展活动以及与社会各界开展联办活动新的校园文化格局。目前，校际联合大体有这样两种模式。

第一，校际联合开展活动。一个学校与兄弟院校联合开展一项活动，大家共同承担任务，优势互补，采取"走出去"或"请进来"的办法。

第二，院校与社会单位联合开展某一项活动。一方面，开展的活动与学生专业接近，便于学生理论联系实际，从中获得社会信息或者资助；另一方面，单位通过这种公益性活动可以宣传自身，提高知名度，创建企业文化。

这些新形式的产生说明校园文化外延在不断发展扩大，这样既扩大了学生社团的知名度和影响力，也加大了校园文化的发展力度。

四、大学校园文化的发展趋势

（一）以社会主义核心价值观指引新时代我国大学校园文化建设

党的十八大提出在全社会积极倡导和培育社会主义核心价值观，此后社会各个领域掀起了培育和践行社会主义核心价值观的热潮。[①]有关社会主义核心价值观的文献最早可追溯到 2005 年第 2 期《科学社会主义》中"构建中国特色社会主义核心价值观——访李忠杰教授"一文。从 2005 年的 1 篇文献到 2020 年的约 7.3 万篇文献，特别是 2013 年以来，出现了"井喷式"的研究热潮。我国大学校园文化的价值导向性在社会主义核心价值观的指引下不断加强，成为中国特色社会主义大学校园文化中的特有标志和靓丽标签。党的十九大报告指出要把社会主义核心价值观融入社会发展各方面，转化为人们的情感认同和行为习惯。

（二）以文化育人为途径实现新时代我国大学校园文化建设

文化育人既是新时代我国大学校园文化建设的价值途径，也是大学校园文化的基本功能研究的重点和热点。国内学者对此做了大量的学术研究，同时发表了许多论文。自"大学校园文化"提出起，学者就一直关注大学校园文化的思政教育和德育功能，并且每年都有大量的研究文献和研究成果。在新时代下，要实现我国高等教育的内涵发展，核心就是要解决"文化育人"的途径和方式方法问题。

（三）以新媒体作为媒介实现新时代我国大学校园文化建设

新媒体是从 2011 年开始受到研究者广泛关注的。高等院校应利用微博、微信培育科学、高效、和谐的大学校园文化，培育和践行社会主义核心价值观，传承和超越中华优秀传统文化，磨砺和打造中国特色大学校园文化。[②]在新媒体环境下，大学校园文化如何生存与发展，已经成为新的时代课题。可以推断，"新媒体"作为新时代我国大学校园文化建设的媒介场域，将被持续关注。

习近平新时代中国特色社会主义思想要求牢固树立社会主义核心价值观，

[①] 国务院新闻办公室，中共中央文献研究室，中国外文局.习近平谈治国理政（第 1 卷）[M].北京：外文出版社，2018: 116.

[②] 蔡红生，胡中月.微博、微信视域下大学校园文化运行机制探析[J].思想理论教育导刊，2017(10): 142-145.

大力弘扬传承中华优秀传统文化、革命文化和社会主义先进文化，深入推进校园文化建设，全面落实立德树人，培养德智体美全面发展的社会主义建设者和接班人。[①] 在新时代的背景下，相关部门应以社会主义核心价值观指引新时代下我国大学校园文化建设，以文化育人作为新时代下我国大学校园文化建设的价值途径，以新媒体作为新时代下我国大学校园文化建设的媒介场域，高度重视大学校园文化建设，深入挖掘大学校园文化的内涵，赋予我国大学校园文化持久的生命力。

第二节　分析特色：大学校园文化的特性与结构

一、大学校园文化的基本特性

大学校园文化以物质形态和精神形态相互作用而存在，形成了一种氛围，影响了校园群体的思想观念、价值标准，改变了校园师生的知识结构，规范了高校师生员工的思维方式与行为习惯。与其他社会文化相比，大学校园文化有自己的特性。

（一）严密的系统性

我国高等教育的根本特征和终极目的，是要把受教育者培养成为社会主义建设所需要的全面发展的高素质人才。因此，在建设我国高等学校的校园文化时，就必须注意它的整体性，充分认识到它是一个严密的系统。只有在这个系统中建立起文化氛围，才能使高等学校群体中的每一个人的知识、情趣、意识、行为等各个方面都得到全面培养，实现德、智、体、美、劳全面发展。

所谓系统性，就是说高等学校的校园文化不同于其他的社会文化，往往是从不同的社会生活环境、社会生活习惯中自发地、局部地发展和形成的。高等学校的校园文化是根据高等教育的既定目的，按照与之相适应的系统，通过精心的设计和严密的组织安排起来的。无论是获取知识、培养能力的文化氛围，还是灌输正确思想、陶冶情操的文化氛围；无论是规范行为、和谐的文化氛围，还是发展个性、培养感情的文化氛围等，从它们各自内部构成的总体角度

---

① 国务院新闻办公室，中共中央文献研究室，中国外文局.习近平谈治国理政（第 1 卷）[M].北京：外文出版社，2018: 97.

第一章　基本要素——大学校园文化的梳理

009

来说，这些不同的方面也是环环相扣、步步相连的，形成了一个有机、统一的严密系统。

（二）有限的开放性

高等教育要发展，高等学校的校园文化建设就必须改变过去那种封闭的、与社会文化相脱离的状况而面向社会，向社会开放。在建设中国特色社会主义的今天，我国高等学校的校园文化建设毫无疑问地需要"面向现代化、面向世界、面向未来"，使教学方向、知识结构能够及时地适应高速发展的社会需要。但是，我国高等教育是以社会主义制度为前提的，高等学校校园文化建设的开放性绝不是向社会的"全方位"开放，而应该根据高校的办学目的和培养人才的目标要求，有选择地、有限度地、分层次地实行开放。

（三）明确的规范性

当前，高校必须以建设中国特色社会主义为前提来培养人才。在学生学习知识与技能方面，高校必须按照社会发展的需要来确定培养方向和教学方向，使学生在特定的文化氛围中掌握基本的理论，获得基本的知识，培养基本的技能，掌握所学专业的精髓，并有所创新。在培养学生政治观念和道德品格方面，高校必须用马克思主义立场、观点与方法，用共产主义的道德观念、价值标准、人格意识等形成特定的文化氛围，使学生树立远大的政治理想，确定正确的道德标准，养成良好的行为习惯。

社会文化总是具有比较明显的随意性，它对每一个社会成员来讲，主要是以潜在的自然的方式影响和改变着人们的精神意识和行为习惯，使人们在这种文化氛围中自然地向着社会发展的一定目的前进。我国高等学校具有很明确的办学方针，要求学校所建设的精神环境和文化氛围必须具有明确的规范性，即必须紧紧地围绕着为社会发展培养高级专门人才这一根本要求进行建设和发展。

另外，在校园的建筑与布局，师生教学、生活环境的安排与布置，课外文化活动的发展，校园群体各种组织关系等方面形成的文化氛围也应该具有十分明确的规范性。

（四）鲜明的时代性

高等学校培养的人才是属于未来的，他们是未来社会建设和发展的生力军，这就要求高等学校在形成自己特定文化氛围的时候，不仅要注意传统习俗文化对于高等学校校园文化建设所具有的作用，而且要特别注意现代以至未来社会发展趋势对于校园文化建设所带来的重要影响。

任何文化都是时代的产物，社会文化是随社会性质或特征不同而形成的不同领域的文化，它总是注重从传统的角度、用人们习惯的方式来影响人们，改变人们的文化发展趋向。高等教育本身具有超前性和人才培养客观上的滞后性，这就要求高等教育在形成自己的文化氛围的同时，更加鲜明地突出它的时代性，并注意创造一种更好把握未来的文化氛围。即校园文化建设的一切内容、措施、途径和方法都必须鲜明地突出现代社会的时代意义，并始终关注着未来社会的发展方向。只有这样，才能使高校培养的人才不仅具有深厚的理论功底、合理的知识结构、较高的综合能力，而且具备正确的理想信念和高尚的道德情操。

二、大学校园文化的基本结构

（一）大学校园文化的主体结构

大学校园文化繁荣与否，主要是人的作用，也就是说大学校园文化中的主体是人。从大学校园文化主体结构来看，学校校园文化主体是由学生文化和教师文化组成。

1.学生文化

学生文化是大学校园文化的主体，是研究和建设大学校园文化的主要对象。因为学生占校园人数的绝大多数，他们的思想内核集中地表现了大学校园文化的特征。一个学校是否有特色，其文化是否具有先进性，都可以从学生文化特征上反映出来。学生文化的范围很广，从大学学生文化的外延上看，它可以分为外显文化、中间文化和内核文化三个层次。

（1）外显文化

外显文化又叫"流行"文化，主要包括周末舞会，寝室"卧谈会"以及由大学生组织的各种讲座、社团活动，创办的各种沙龙、刊物等。它是以娱乐为目的的大众文化。大学生希望以种种方式驱散因单调的生活产生的心理上的疲惫和烦躁不安，真正体会生活的乐趣。这种文化虽然不能看成是学生文化的本质和主流，但它是学生最容易接受和传播的文化形式，在某种程度上反映了某些大学生的价值观、审美观和生活观。外显文化具有明显的动态性和不稳定性，随着文化的冲突而发生变异，最易受外来文化的影响。

（2）中间文化

中间文化包括消费方式、闲暇时间生活方式和交往方式等。它是大学生内核文化的外射，是塑造大学生思想和行为的外化条件。例如，从消费方式上看，学生的消费特点是与一个人青年时期的生理特点和以此为基础的社会特点相联系的。这一前提决定了大学生以生存、享受和发展为线索的消费结构。随着学生文化素质的不断提高，消费结构不断发生变化，主要表现为以下两点：①物质性消费比例逐渐降低，精神性消费比例逐渐增加。②以满足大学生的基本生存条件的消费比例逐渐下降，满足大学生的社会生活的消费比例逐渐上升。作为学生，虽然学习是最主要的任务，但是交往、求美、求乐、赶时髦乃是大学生的心理需求，因此他们需要花掉一部分的时间、精力和金钱来满足这方面的要求。由于社会的吸引、诱惑，生活内容的丰富多彩，心理向往等，学生的消费方式、生活方式和交往方式具有超前性、多元性的特点。

（3）内核文化

大学生的内核文化又称内隐文化，它是由思想观念、情感态度、思维方式和价值取向等审美观念组成的。这是大学生文化的本质所在，它决定了大学生的生活方式和行为方式。由于市场经济的冲击和大学生经济观念的加强，目前大学生的文化价值观念与过去几代大学生的文化价值观念相比，有了新的特点。主要表现在以下两点，①价值取向趋于实惠性。我国社会主义市场经济发展迅速，市场经济意识已经渗透到社会的每个角落，校园作为社会的一部分当然也无法避免。市场经济的大潮已经打破了校园的宁静。讲物质、讲实惠已经是大学生一个主要的思想特点，而崇尚理想和道德精神则有所弱化，许多学生热衷于经商，校园内到处可见各种商业性广告和海报，这从侧面反映了校园文化受到了市场经济的影响。②人生奋斗追求自我性。如果说过去的大学生有较强的集体主义精神的话，那么当今的大学生则更欣赏个人奋斗和自我设计。有个性才有竞争，有竞争才有发展。现在许多学生喜欢参加自发性的非正式团体的活动。

总之，学生文化的三个层面同时存在，相互影响、相互制约、相互融合、不可分割。

2.教师文化

教师文化是一种由特殊的社会环境产生的亚文化，在整个校园亚文化群中居于最高层次，主要由整个社会文化中的最高层次——社会理想构成其主导型价值观。教师文化的功能主要是通过一种特殊的文化传输——教育的方式把社会的文化理想传输给文化继承者（学生）。教师文化的目的就在于完成每个文化继承人的社会化过程中最重要的一部分——给每个文化继承者一个正确的发展轨道，使其能按社会文化的要求正常发展。教师文化按年龄特征可分为青年教师文化和中老年教师文化，透过青年教师文化能够找到许多青年人的文化追求，因而它本身又有其特殊性。

（1）青年教师文化

①实践性。青年教师相比学生有一定的生活经验和实践经验，能比较深刻地分析和理解社会。他们能把理论与实践结合起来，置身于社会实践之中，因而他们的思想情绪稳定，有自己的理想和信念，而且这种理想和信念有可实现性。和大学生相比，在分析和处理问题时，教师较少有盲目性和冲动性。他们的各种意见和建议都比较成熟，有较大的合理性和可行性。②批判性。青年教师不仅知识丰富，而且有高度发展的身心机能、成熟的世界观，有独立的自我见解、活跃的思想和较多的社会活动经验。这就决定了青年教师较少有保守思想，较多有不拘一格的行为和不满足于现状的求变思维。更重要的是他们对目前存在的一些社会弊端（如拜金主义、腐化堕落、道德滑坡等不良倾向）具有强烈的批判性，要求改变传统思维模式，变更价值观念，确定新的行为模式。③功利性。任何一种文化现象都脱离不了当时的经济水平和政治因素的影响。在我国现阶段，虽然改革在不断深入，生产力水平在不断提高，社会生活水平也逐渐改善，但知识分子收入仍然偏低，尤其是青年教师收入较低。尽管他们忧国忧民，关心政治，支持改革，但这种现实的要求和冲击，极大地影响着青年教师的价值观念、社会心理、生活方式和行为特点，这对我国的教育事业来说是不利的。

（2）中老年教师文化

中老年教师文化也是校园文化的组成部分。一般来说，中老年教师都已成家立业，有丰富的生活阅历，由于他们生活的时代和所受的教育不同，他们的文化价值观念，即对物质文化和精神文化价值的评价、判断以及人生观和生活行为方式等有其自身的特点。事业是他们的精神支柱，每个教师都希望自己是本专业的学术带头人。尽管他们的物质生活并不富裕，但为社会做贡献、实现自己的人生理想仍是其人生观中最主要的内容。许多中老年教师并不是为工资待遇低在工作，而是凭良心、凭党性、凭对教育事业的一片忠心在努力工作。

虽然笔者对校园文化从主体上加以区分，但是任何事情都不是孤立的，而是相互联系的。学生文化与教师文化互相影响，既构成了大学文化的整体，也形成了各自的特色。

（二）大学校园文化的客体结构

从大学校园文化客体上看，大学校园文化可以分为硬体和软体两部分。

1.大学校园文化的硬体结构

硬体从大的方面讲包括整个校园设施、校园环境及建筑物。从具体内容上讲，硬体包括图书、教学仪器及设备、各种办公设施及用品等；以某些机构或形式出现的，如校内的各种社团组织、俱乐部、活动中心等。

2.大学校园文化的软体结构

软体包括的内容很难具体化，它是一种价值趋向。它所表现出的是一种映象，具体来说是校风、学风、教风等，还有教师、学生的心理素质、性格以及学校的管理运行机制等。这些都是校园文化发展的基础，有了这些客体的存在，各种校园文化活动才能得以开展。

第三节　功能至上：大学校园文化的功能

大学校园文化的功能表现在其发挥作用的各个领域、各个方面，就大学生成才方面而言有以下功能。

一、智能开发

大学校园文化不仅是第一课堂的润滑油，而且是课堂教学的催化剂。在文化知识转化为能力、沉淀成素质方面，在培养、锻炼和提高大学生的语言表达能力、文字表达能力、人际交往能力、团结协调能力、分析问题能力、解决问题能力、组织管理能力及发明创造能力等方面，其功效往往超越课堂教学。因为大学校园文化是以大学生为主体的文化表现形态，校园文体活动的参加者主要是大学生，组织者也大多是学生，这就决定了开展校园文化活动的过程本身就是学生锻炼自己、增强自我管理、自我教育、自我服务和自我提高的过程。毋庸置疑，大学校园文化对于开发大学生的智能，提高他们的科学文化素质起着不可替代的作用。

二、陶冶情操

情操是以人的社会需要为中介，以某种思想和价值观念为中心的高级情感。它是由情绪、情感和思想观念等复杂心理综合而成的。

我国心理学家曾把情操划分为宗教的、道德的、知识的、审美的四种。在现代的学术研究中，人们习惯于把复杂的情绪称为高级情感（即情操），并把它分为道德的、审美的、理智的三种情感。道德感是用道德准则去感知、比较、评价人的行为举止时的复杂的情感体验。美感是人对客观事物和对象美的特征的体验。理智感是人追求真理，对认识活动的成就进行评价时产生的情感体验。上述各种情操因与人的思想观念、理想、信念、世界观和个性密切相关，所以比一般的情感有更高的稳定性、概括性、复杂性和倾向性。情操也是情感和操守的结合。所谓操守，即指人的坚定的行为方式和品行。高尚的情操是人的精神生活的重要内容之一，它对调整人的行为、指导人的行动有着重要的意义。高尚的情操是在优秀的校园文化和实践中逐渐形成的。

情操与事业、学习和生活是相互联系、互为补充的。显然，大学生作为文化素质较高的知识青年，具有较好的情操基础。他们来自各地，不由自主地把各个地区文化的精华带至校园，而不同地区文化精华的相聚相撞、交织互补，必然会复合成一种开放性、时尚性及折射性更强、品位层次更高的亚文化，必然会创造出一种颇能赋予大学生以生机和活力的新文化。名目繁多的社团，形式各异的节目，丰富多彩的活动，对跃跃欲试的大学生必然具有很强的感召力，能有效地培养他们的艺术修养、生活情趣、审美意识和审美能力，陶冶他们的情操。

三、价值导向

价值观是指推动并指引一个人采取决定和行动的经济的、逻辑的、科学的、艺术的、道德的、美学的、宗教的原则、信念和标准，是一个人思想意识的核心。当它被社会大多数人承认和利用时，它就变成了社会规范。社会生活的多样性，导致了人与人之间、社会阶层之间、地区民族之间价值观念的差异性。

大学校园文化活动是大学生思想政治教育工作中最易被接受的导向载体之一，对大学生具有强烈的吸引力和感染力。校园文化的熏陶使学生产生一种与学校倡导的价值观念相一致的价值观，从而形成一种对学校的教育目标、准则和观念的认同感。"近朱者赤，近墨者黑"。大学校园文化一旦为大学生所接受，就会成为一种集体的心理定式，足以影响大学生的价值取向和正确的价值观辨析能力的形成。

四、品德构建

道德认识是对于行为准则及其社会意义的认识。道德情感是伴随道德认识出现的一种内心体验，它表明了人对一定客观事物的爱憎态度。当道德认识与道德情感成为推动个人产生道德行为的内部动力时，它们便构成了道德动机。

道德意志是一个人自觉地调节行动去克服困难，以实现一定道德目的的心理过程。道德行为方式是在道德意识的支配下由各种道德行为技能与习惯构成的活动方式。它是实现道德动机的手段，也是一个人道德意识的外部表现和品德的重要标志。许多思想政治道德品质是不能直接灌输给大学生的，需要在校园文化丰富多彩的活动中潜移默化地培养。其中，大学生本人在品德发展中的自居作用对大学生品德的形成起到重要作用。

品德及道德品质，又称品性、德性。它是个人依据一定社会的道德原则和规范行动所表现出来的某些稳固的心理特征和行为倾向。在一个人的人格要素中，品德是具有道德评价意义和处于核心地位的部分。品德包括道德认识、道德情感、道德意志、道德行为习惯及道德理想等许多极其复杂的相互联系、相互制约的心理成分。其中道德行为是品德的客观内容和外部表现，各种品德心理成分按一定的联系和关系构成了品德的心理结构。

道德行为在不断的社会实践中进一步形成道德习惯时，就表现为个人的品德。它不同于一般的行为习惯和习性，具有明显的自觉性、主动性和创造性。这表明品德的形成不仅是在社会生活中对道德原则和规范进行审慎的选择和实践的结果，而且在复杂的道德情境中又能凭借一定的判断，自觉地、创造性地调节自己的行动。

各种品德心理成分彼此之间虽有一定的联系，但就其结构的形成来说可以有不同的开端。社会道德评价、社会舆论及家庭和学校教育是一个人品德发展的外部条件，而个人的自我道德评价和道德修养则是这种发展的内在依据。在一个人道德发展过程中，当他们在道德判断、道德动机选择和道德行为中遇到困难时，将自己置身于父母、师长、同伴或道德理想人物的地位，进行认同、模仿和接受暗示的心理过程就是自居作用。自居作用对道德认识和道德情感的发展，尤其是对道德行为习惯的培养和道德理想的树立，有着重要意义。这种自居作用的对象，学龄前以父母为主，学龄初期以教师为主，少年期常以同伴、文艺作品主人公或具体的英雄模范人物为主，青年期的自居作用常常失去具体的对象，而转向以抽象的道德理想人物或某种信念和信仰为主。

大学校园文化对大学生品德构建功能的实现，可以归纳为以下环节。

（一）趋同主导文化，优化道德规范

校园文化生活中的人际交往，便于大学生发现自己的长处和不足，反映清晰的自我形象，学会如何尊重别人、完善自己，并经过一系列的调节，使思想和行为趋同于学校德育目标和基本要求。

（二）反复行为应答，强化道德意识

对于多数大学生来说，在公共道德的认识和道德行为的选择能力方面一般不存在什么问题，问题主要在于使道德行为经常化、自动化和习惯化。在大学校园文化中，大学生通过各种日常刺激的行为应答，逐渐把自己的行为方式固定下来，形成与认知一致的行为习惯，可谓"积沙成塔，滴水穿石"。

（三）介入问题情景，深化道德认识

在校园文化活动中，大学生可以联系各种实际状况，对于抽象的道德原则、理论提出各种疑义，即造成一种"问题情景"，然后在深入的讨论甚至争论中发挥各自的理解及想象，相互补充、相互启迪，便可把道德理论认识得更为生动、实际和深刻，进而形成牢固的道德信念。

五、塑造人格

大学校园文化对于处在青春期、可塑性较强的大学生来说，其塑造人格的作用是显而易见的。例如，勤奋、严谨、文明的校风传统的造就，活泼、竞争、向上的环境氛围的营造，和谐、完美、宽松、友好的人际关系的形成，公正、宽容、理解的集体舆论的建立，无疑有利于大学生养成坚定执着、勇敢刚毅、自信自尊及宽容豁达的心理品质。再如，制度化的艺术节、读书节、科技节、体育节，多层次的专业兴趣小组和文艺社团组织，使大学生在音乐、舞蹈、戏剧、体操、武术、演讲、朗诵、书法、绘画、篆刻、剪纸、摄影等各类健康有益的文化活动中纵横驰骋，乐以忘忧。大学生的心理需要与精神追求在大学校园文化中得到了满足，其个性的健全、人格的完善便有了可靠的保证。

六、心理保健

不言而喻，大学生的心理发展在很大程度上取决于环境的影响。来自高校校园环境的各种信息的刺激，通过大学生的模仿、暗示、从众、认同等心理机制，便成为他们个体的心理氛围。首先，大学生不光有求知的需要，还有交往的需要、归属的需要、爱的需要、美的需要，以及自我发展、自我完善、自我实现的需要，等等。而校园文化能在一定程度上满足这些需要，使之达到心理平衡，从而保证他们的心理健康。其次，急剧变化的现代社会，存在各种复杂的矛盾和冲突以及种种挫折所导致的焦虑、忧愁、烦恼，这些都可能使大学生的心理产生障碍，而校园文化能为排除他们的心理障碍提供一个良好的宣泄途

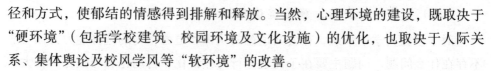

径和方式，使郁结的情感得到排解和释放。当然，心理环境的建设，既取决于"硬环境"（包括学校建筑、校园环境及文化设施）的优化，也取决于人际关系、集体舆论及校风学风等"软环境"的改善。

综上所述，大学校园文化作用于大学生成才的诸功能，并非相互孤立的。其中，价值体系是思想品德的核心，所以价值导向是主导功能。因为每一功能还存有积极与消极双重性质，所以提出了优化之命题。在校园文化建设过程中，人们必须强化培养和造就德、智、体、美、劳全面发展的社会主义建设者和接班人的目标意识，突出马克思主义的主导地位，全面加强社会主义精神文明建设。

第四节　区分异同：大学校园文化与社会文化的异同及联系

从教育的外部和内部关系规律的理论来分析大学校园文化的形态，可以看到，大学校园文化的形成既受到社会环境因素的制约，又受到学校内部各种力量的影响。反过来，大学校园文化不仅会对大学的教育模式和教育面貌起决定作用，而且会对社会文化起到规范和导向的作用。

在社会危机时期，作为社会文化价值的维持、表述和发展的关键所在，大学会通过文化批判揭示引发社会危机的因素，否定旧有文化中阻碍社会进步、导致社会危机的内容，引入解决社会危机、促进社会进步的新的文化因素，促进社会的变革。社会文化一般发展时期，大学通过自身的文化创造以及引入外来文化的新思想、新观念和新方法，促进新文化的生长，以克服文化停滞。

由于大学是各种文化汇聚的中心，接受外来文化影响的途径较多，大学自身也不断产生新的知识和新的思想，大学校园文化的新陈代谢要较一般社会文化更快；大学总是在已知的知识和未知的世界之间不断进行探索，其所选择的文化的一部分具有不确定性和流动性的特点，由此带来大学校园文化形成过程中的动态性特征与较快的更新机制。唯有如此，大学才能成为社会的思想先驱。从文化的意义来说，大学与社会进行着相互的调适。社会需要与社会主流文化引导大学校园文化发展的方向，而大学也会根据文化自身发展的要求及对文化的创造、对社会文化的批判活动去丰富社会文化内涵、定向社会价值系统，进而发展社会。这种双向的调适是当代大学校园文化与社会文化关系的一个重要特点。

一、社会文化与中国特色社会主义文化

一方面，大学校园文化作为社会文化的子文化，在其产生、演变和发展过程中，时时刻刻都受到社会文化的影响和制约。不论大学校园文化如何富有学校特色、贴近校园生活、反映师生风格，如何具有自身的特点和个性，其总是以一定的社会文化为蓝本，反映社会文化的共性，体现社会文化的内容和要求。另一方面，大学校园文化作为社会文化系统的子系统，又有其相对独立的特殊发展规律。它在吸收社会文化精髓的基础上，结合学校的特点，丰富发展为一个科学的文化系统，并反过来积极推动着社会文化的发展和进步。随着社会的向前推进，各种社会文化与校园文化的"互动"关系会变得越来越明显，甚至会产生冲突和对立。如何摆正并处理好二者的关系，不仅对建设中国特色的校园文化和社会文化有着重要的意义，而且对培养新世纪的社会主义事业的接班人和建设者，造就德才兼备、健康向上的现代化建设后备军有十分重要的意义。

（一）社会文化概述

1.社会文化的含义

社会文化就是随着社会的发展、通过社会文化自身的不断扬弃来获得发展的。人类在某种社会中生活，久而久之必然会形成某种特定的文化，包括一定的态度和看法、价值观念、道德规范以及世代相传的风俗习惯等，这就是社会文化的表现。每一个社会文化的发展，无不是当时社会经济状况的反映，这也正是社会文化现象取之不尽的源泉和发展变化的根本原因。社会文化产生于人类物质生产活动，取决于社会经济关系，但它同时又对物质生产和经济关系具有反作用，这就构成了社会文化的相对独立性和能动性。当一种社会文化产生并确定下来，就会按照自身的作用方式长期深刻地影响物质生产和经济关系，或积极推进，或消极迟滞。这种社会文化的巨大作用既是潜在的，又是现实的，只有正确揭示和把握社会文化发展的内在规律，才能充分发挥社会文化的积极作用，更好地为社会主义政治和经济服务。

文化属于历史的范畴，每一个社会都有与社会形态相适应的社会文化，并随着社会物质生产的发展变化而不断演变。作为观念形态的社会文化（如宗教、艺术、政治思想、法律思想、伦理道德等），既是一定社会经济和政治的反映，又对社会经济、政治等各方面产生巨大的作用。在阶级社会里，观念形态的文化具有阶级性。随着民族的产生和发展，文化又具有民族性，形成传统的民族

文化。另外，社会物质生产发展的历史延续性决定着社会文化的历史连续性。

社会文化理论是由苏联心理学家维果茨基提出来的，它强调社会文化因素在人类认知功能的发展中发挥着核心作用。该理论认为，人的心理机能从根本上来说是一个由文化产品、活动和概念充当中介的并受中介调节的过程（语言是首要的调节手段）。在该理论框架内，人类被理解为利用原有的文化工具创造新的文化工具，并由这些文化工具来调节他们的心理和行为活动。语言的使用、组织和构筑是中介的重要手段。人类认知活动的最重要形式是通过社会和物质环境内的互动而得到发展的。社会文化理论促使人们从一个全新的角度去审视社会环境。

社会文化的界定是一个十分复杂的问题，学者们往往从不同的角度、运用不同的方法来研究和解释社会文化现象。有的学者认为，社会文化就是社会教化，是人的后天行为的社会化过程的总称。也有学者认为，社会文化就是社会物质财富和精神财富的总和。还有学者认为，社会文化就是精神文化等。无产阶级伟大思想家们不仅认为社会文化是观念形态和精神文化，而且认为无产阶级社会文化应包括历史上一切劳动人民所创造的全部知识，亦即优秀文化遗产。因此，社会文化就是建立在一定物质生产和经济基础之上，并以其为存在基础，受其决定、制约和影响的，是一定时期人们的观念形态和精神的反映。社会文化不仅以一定社会的物质生产和经济关系为产生基础，而且随着经济关系的发展而变化。社会文化的主体是人，劳动生产是人类区别于其他一切动物的最根本特征。人既是社会文化的主体，也是社会文化的创造者。在物质生产过程中，人总是处于一定的生产关系之中，并由此形成一定的生产方式和生活方式，久而久之，就会形成一定的思维方式、行为方式和观念形态。这些方式和形态又会造就人的心理、人格、知识、技能等，它们不仅产生于物质生产过程，而且反过来影响着物质生产活动，形成一定的社会文化。同时，物质生产方式和经济关系的变化与发展必然要引起社会文化的变化与发展，社会文化发展变化的最终动因不在于文化本身，而在于经济状况。

2.社会文化的特征

（1）文化是一种较永久或稳定的生活方式

社会文化是一种较永久的和稳定的生活方式，由代代相承而形成传统。基于这个观点，文化与时尚是不同的。时尚的生活方式，仅流行一段时间，但不会成为传统的基础而长远流传。不过，社会文化与流行时尚之间的界限不容易划分，有些时尚形式往往会变成传统的，并传输给年轻一代。另外，传统的生活方式也随时有被断绝的可能。

（2）文化是社区内成员共有的生活方式

社会文化是某个群体（如一个国家、一个地区、一种职业等）的成员所共有的一种生活方式，但人们所具有的生活方式却不一定都是文化。在一个群体里，大多数的成员共同拥有一种生活方式；但在广大的次级群体里，人们并非完全倾向其群体的主要文化，而更强调一种较小群体所具有的亚文化。例如，青年们可能共有一种"青年文化"，他们喜欢追星、赶潮流，强调某些娱乐（如摇摆舞之类），但社会大众并不强调这种生活方式。社会学家称这种少数团体的生活方式为次级文化，而使用这个概念旨在说明社会行为的差异。

（3）文化是一种社会许可或期望的行为

在很多有关文化的定义中，观念所指的并不是人的实际行为，而只是社会许可或期望的行为。社会文化也被称为是生活的设计。这种文化定义含有一个观念，即社会文化代表一个"行为的蓝图"或一种"活动的蓝图"。无论如何，人类的行为绝不是完美的，因为人们从未完全顺从社会的设计。关于这一点，有人主张社会文化应是理想的模式，只能存在于个人的心理之中。如果按照这个说法，社会文化更正确的定义应是"思考方式"，而不是"生活方式"。

3.社会文化的特性

在中华五千年的文明发展史中，人们的祖先创造了灿烂的民族文化，对东方文化的形成乃至世界文化的进步产生了重大影响，特别是对社会主义现代文化更有着深刻而直接的影响，形成了现代人所特有的、共同的观念、风俗、习惯、娱乐等文化风貌，体现着中国社会文化所特有的风格特色。

（1）民族性

民族性是社会文化的根本属性，没有民族性也就没有社会性，从这个意义上讲，社会文化就是民族文化。在新民主主义革命时期，中国共产党在关于文化问题的根本主张和斗争目标中就明确指出：中国新民主主义革命在文化方面的任务是破坏和反对帝国主义的一切文化思想与在华文化侵略机构；反对和批判本国封建阶级的尊孔读经、复古主义的旧礼教旧思想；建立新民主主义的文化，即社会主义文化思想领导的反帝反封建的、民族的、大众的文化；主张中华民族的独立和尊严，反对帝国主义的压迫和奴役；还要采取自己独特的民族形式，要具有中国气派和中国作风，为中国广大人民喜闻乐见。可见，民族性既是社会文化的精髓，也是社会文化社会化的根本所在。当前，在如何对待中华民族文化问题上存在各种各样的观点，甚至有人主张中国要实现现代化，必须全面否定民族文化，实行"全盘西化"，这是十分危险和错误的。坚持社会文化的民族性，不仅有利于我国的改革开放，而且有利于抵制和防止西方资本主义对我国实施"和平演变"战略。在对待民族文化问题上必须反对民族虚无主义，要在马克思列宁主义、毛泽东思想、邓小平理论、"三个代表"重要思想、科学发展观、习近平新时代中国特色社会主义思想指导下，立足本国，面向世界，建立中国特色的社会主义新文化。

（2）地域性

社会文化作为一定地域内的人们形成并表现出的具有地域特征的文化，其所具有的特征之一就是地域性。这个地域有大有小，没有统一的划分。大到整个中华民族，小到一个地区、一个城市乃至一个村庄都会有彼此相同或不同的文化现象。例如，语言、服饰和生活习俗。一个地区不同于另一地区就是社会文化地域性的表现。地域性与社会性并不矛盾，二者是辩证的统一，没有地域性也就不存在社会性，社会性包含地域性。如果没有华夏文化、古希腊文化、古印度文化等，就谈不上世界文化。中国社会文化就是在这块广袤的土地上由中华民族创造和发展起来的独特的民族文化，它虽经盛衰变迁，但始终延续不绝，体现了中华民族文化强盛的生命力和再生力。正是这种社会文化的地域性，才使得中国五千年之文化成为中华民族之文化；也正是这种社会文化的地域性，才使得中华民族文化与其他民族文化有了明显的区分。

（3）科学性

社会文化的科学性在于实事求是，追求客观真理，实现理论与实践的统一。社会文化属于上层建筑，其根本来源在于客观实践和人民大众的生活。一切文化思想、理论、观点必须如实反映和切实体现社会现实，做到求实、求是、求真。只有真正代表了广大人民群众的利益，反映了人民群众的欢乐与疾苦，才能得到人民的拥护和喜爱。只有不懈地追求真理，宣传真理，才能树立起人民大众的崇高理想。那种脱离现实、脱离大众的文化是没有科学性的，也是为人民群众和历史所不齿的。社会文化的科学性主张充分尊重和继承发扬历史优秀文化遗产，反对一切过时的、反动的和封建落后的文化毒素，引导广大群众区分真善美和假恶丑，区分文明和落后，有益的要热情扶持，发扬光大；无害的要宽容允许，百花齐放；有害的要坚决反对，彻底铲除。

（4）大众性

社会文化的大众性就是主张文化民众化，成为全民族绝大多数劳动群众的文化，为广大人民群众服务，并使他们成为文化的主人。社会文化要同广大的劳动群众相结合，从群众中吸取养料，并把文化的普及与提高结合起来，提高全民族的文化素质，使社会文化成为广大人民群众物质生产和思想斗争的锐利武器。社会文化必须造就一大批教育家、科学家、工程师、艺术家等，必须把不同年龄、性别、职业、民族、文化程度、各阶层群众作为主人和对象，发挥一切人才、设施、经费等方面的优势，把社会文化渗透到各个单位、各个家庭，着力提高社会文化的渗透力和覆盖面，形成互相影响、互相合作、互相联系、具有广泛社会性的局面。

（5）其他特性

对于社会文化的其他特性，国内外有关学术研究文献中指出，社会文化还有以下特性。其一，学习的特性。与生物的本能不同，人类获得社会文化是经由学习而得到的，社会文化是学习的产物。每一个新生的婴儿，从出生后的一瞬间便开始学习如何在适当的时间和地点吃、睡以满足其生物需要。在成长过程中，他要学习如何与人沟通、交际和合作。在与前人、长辈和同伴的互动中，一个人就获得了社会文化。其二，安全的特性。社会文化提供了安全感。人们处于自己的社会文化中，觉得非常容易。他的一切行为都是无意识的，非常自然和习惯，没有碍手碍脚的感觉。俗语说的"在家千日好，出门万事难"便是这一功能的最好写照。其三，社会的特性。社会文化是社会集体经验的成果。这一成就是社会中每个人都有一份的，是众人经营的历史积淀。人们既是他人的发现和发明成果的享受者，也是义务的传播者；既是历史积淀继承人，也是未来一代的教育承担者。其四，适应的特性。社会文化具有适应的特性，因为社会文化不是一成不变的，它的发展是一个动态变化的过程。例如，古代的服装风格和今日的服装风格，就有天壤之别。社会文化随着时间的推移、地域的不同，它的形式是千变万化的。其五，限制的特性。人是具有社会文化的社会动物。社会为了维持秩序，设定某些规范；为了共同的沟通，出现了语言。规范和语言设定后，也就限定了人类的心理和行动。换言之，人类要想为所欲为、尽兴而为，只有在乌托邦中才能实现。事实证明，自由的限度是以他人的自由为极限。其六，创造的特性。人类为了追求真、善、美的理想，为了追求生存的舒适和便利，新的欲望不断地从旧文化的累积中产生，同时新创造和新发明也会引起人们从来未有的欲望。其七，整合的特性。社会文化中的事物，有些是具体的，有些则是抽象的，文化存在于具体和抽象的整合之中。一张桌子为何称为方形桌子，牛仔裤为什么会流行和被称为牛仔裤，这就是抽象和具体整合的缘故。

4. 社会文化的功能

社会文化工作历来是中国共产党事业的重要组成部分，是社会主义精神文明建设的重要内容之一。随着时代的发展和人民物质生活水平的提高，广大人民群众对文化生活的需求越来越迫切，要求也越来越高。社会文化在整个社会生活中的作用越来越重要，其功能主要有以下几个方面。

（1）思想工作的重要载体

社会文化内容丰富、形式多样、生动活泼，易于被群众所接受。思想工作要以社会文化为载体，寓教于文，寓教于乐，寓教于丰富多彩的文化活动之中，如此才能大大增强感染力和凝聚力。加大社会文化中思想政治教育的信息量和力度能在引导广大群众学习科学文化知识的同时，使其掌握正确的世界观、人生观和价值观，思想觉悟和政治觉悟得到同步提高。这种"随风潜入夜，润物细无声"的潜移默化的思想政治教育比起传统的、强加的、单一呆板的思想教育更易于接受，效果更加突出。需要注意的是，当代文化渗透的本质实际上是一种思想渗透，一种意识形态的渗透。在现代社会背景下各种文化信息每时每刻像潮水般冲击着每一个人，单一的和急功近利的思想教育形式对于广大群众的影响是极为有限的，这既是对传统思想教育方式提出的严峻挑战，又是对思想工作提出的严肃课题。纵观近年来思想教育的成效，大多与社会文化工作有着密切的关系。社会文化工作搞得好，思想教育就有了客观扎实的社会基础；社会文化工作做得不好，思想教育就显得苍白无力，甚至出现逆反效应。从这一意义上讲，健康向上的社会文化本身就是一种非常好的思想教育活动。

（2）丰富群众文化生活，全面提高公民素质的重要途径

社会主义教育的目标是全面提高整个中华民族的公民素质，一个充满生机和创造力的民族必然是现代文化高度发展的民族。除了直接意义上的教育工作外，社会文化活动对于开阔群众视野、增进群众知识技能、发挥群众多方面的兴趣专长和才干、培养群众健康向上的学习情趣等都有着积极的作用。社会文化的广泛性为文化程度不同和兴趣爱好不同的人们提供了更多更好的学习场所和施展才华的机会。而且社会文化形式多样、通俗易懂、时代性强，容易为绝大多数人所喜闻乐见和接受，能使人们不自觉地接受教育，提高素质。

（3）陶冶情操、娱乐身心和安定团结的重要内容

在社会生活中，喜、怒、哀、乐、悲、恐、忧是人们正常的心理情绪，如果处理不当，不仅会影响人们的身体健康，还会影响安定团结和社会主义事业的发展。建设社会主义社会文化的目的之一就是让广大群众有一个良好的社会和个人生活环境。群众接受或直接参与社会文化活动，接纳多层次立体式的心灵塑造和性情陶冶，不仅可以有助于树立正确的人生观、道德观，而且可以强化理想信念、塑造美的心灵、陶冶高尚情操、提高道德水平，从而有利于推动整个社会风尚的进步。特别是在我国建立社会主义市场经济体制过程中，经济结构和经济利益重新调整，市场原则和道德原则发生碰撞，加之社会风气、收

入不平衡等方面的影响，人们的心理会出现较大的不平衡。如果不加强引导，不强化道德机制建设，人们的行为势必出现某种程度的失衡，这无疑对社会稳定和改革开放有百害而无一利。在这方面，健康的社会文化可以从主客体两个方面发挥效应，既能净化个人心灵，也能净化社会环境，这是其他任何手段所不及的。

（4）保障和维护广大人民群众根本利益和具体利益的重要工具

在现代社会，广大群众的需求除了经济发展和生活提高外，还有就是求知、求乐、求美、求尊和成才，这些大部分表现为文化需求，是人们精神生活的重要内容。多年来的实践告诉人们，人作为一个物质需求和精神需求的特殊综合体，只注重物质生活的发展是远远不够的，要充分保障群众的切身利益就必须着眼于物质和精神两个方面。要通过丰富多彩的社会文化活动凝聚、吸引广大群众，满足他们的正当需求；要通过健康有益的社会文化活动展现和褒扬人民群众的优秀分子，树立他们的高大形象；要通过严肃严谨的社会文化活动抨击揭露危害人民群众利益的各种丑恶现象、不道德现象和违法行为，塑造社会主义新型的善恶观。只有充分发挥社会文化保障和维护广大人民群众根本利益和具体利益的作用，才能更好地巩固物质文明和精神文明建设的成果，才能创造出团结和谐的现代化建设和发展的大好局面。

（二）中国特色社会主义文化

建设中国特色社会主义文化的根本任务就是以马克思列宁主义、毛泽东思想、邓小平理论、"三个代表"重要思想、科学发展观、习近平新时代中国特色社会主义思想为指导，着力培育有思想、有道德、有文化、有纪律的公民，切实提高全民族的思想道德素质和科学文化素质。

文化是一定社会条件下的产物，不同的社会形态具有不同性质的文化。中国正处于社会主义初级阶段，因而中国特色社会主义的文化必然带有这个时代的基本特点。它必须同社会主义基本经济制度、政治制度结合在一起，围绕建设富强民主文明和谐的社会主义现代化国家的根本任务，以经济建设为中心，坚持改革开放，坚持四项基本原则，为人民服务，为社会主义服务。

作为上层建筑重要组成部分的中国特色社会主义的文化正确地反映了自然和社会的本质及发展规律，坚持了同自然观、社会观中一切非科学的文化思想进行坚决斗争的立场，为决策的民主化和科学化提供了理论依据。

发展社会主义民主政治是中国共产党始终不渝的奋斗目标。没有民主就没有社会主义，没有社会主义现代化。继承优良民主传统，增强民主意识，同封建主义、文化专制主义残余进行不妥协的斗争，使民主精神在广大群众中生根开花，是有中国特色社会主义的文化题中应有之义。弘扬主旋律，提倡多样化，自由讨论、自由创作和不同学派、不同风格自由发展，使文化园地百花齐放、百家争鸣；同时，合理吸收外国文化中一切好的元素，使中国特色社会主义文化成为海纳百川、兼容并包的博大体系，是文化民主性的重要表现。

中国特色社会主义文化为现代化建设提供精神动力。文化对现代化建设的巨大作用表现在它能够提高劳动者的思想道德素质，激发劳动者的生产热情，从而为物质文明建设提供精神动力。

中国特色社会主义文化为现代化事业提供智力支持。建设中国特色社会主义的文化能够提高劳动者的科学文化素质，开发人的智力资源。先进的教育、科学、文化给人以知识武器，成为一种智慧的力量，推动人们有效地建设现代化事业。智力文化水平集中反映着一个国家公民素质的总体水平，其发达程度同社会物质生产和经济生活的发展程度直接相关，并常常反作用于生产力的发展。现代生产的发展主要表现为智力水平的提高。而人的智力水平既受到科学文化知识程度的制约，又受到自然科学、哲学社会科学发展水平的影响。社会主义要创造比资本主义更高的劳动生产率，就要确保科学文化的高度发展。

中国特色社会主义文化保证现代化建设朝着正确的方向发展。有中国特色的社会主义文化作为正确的思想价值导向，能从思想上保证现代化建设沿着正确方向发展。

中国特色社会主义文化为建设现代化事业创造安定的社会环境。社会主义精神文明建设可以通过创造安定团结的社会环境，保证物质文明建设的顺利进行。历史经验证明，没有一个安定团结的政治局面，就不能安心搞建设。

二、大学校园文化与社会文化的相似性

大学校园文化是社会文化中的一部分，是其亚文化的一种。从某种意义上说，校园文化是社会文化在学校里的一种体现。尤其是在现代社会中的高等学校，校园文化与社会文化联系日益密切，各种开放的教育形式层出不穷。这使得校内外的交流十分迅速与通畅，学校与社会之间的某些界限趋于模糊。

大学校园文化主题思想、主要内容的变化都离不开社会这个大环境，校园文化的发展是在社会文化发展的影响下实现的，社会文化与校园文化之间有着非常密切的联系。当代高校学生具有强烈的责任感、使命感，他们兴趣广泛，活动面宽广，迫切希望参加社会政治、文化、经济生活。急剧变化的世界政治

经济格局、国内的改革以及各种新思潮、新观念很迅速地在高校学生之中引起了反响。高校学生关注社会生活本身就注定社会关系会对他们产生直接而深刻的影响。

文化既是教育之基，也是高校之魂。所谓教书育人、管理育人、服务育人、环境育人，说到底都是文化育人。高校传统、高校精神实际上是高校的文化传统、文化精神。所谓校训，就是一所高校对其文化传统、文化精神的理性抽象和认同。所谓校风，就是一所高校对其传统、精神、校训的文化自觉和继承。不同的传统、精神、校风、学风都是高校展示自己的"文化名片"。而高校绵延的"文化基因"构成了学生思想和行为的不同模式。

总之，文化既是一所高校赖以生存、发展的重要根基和血脉，也是高校间相互区别的重要标志和特征。

大学校园文化是社会文化的重要组成部分，它受社会文化的影响和制约。大学校园文化是科学精神与人文精神的统一，是理想主义与现实主义的统一，是民族文化与世界文化的统一，是历史积淀与时代发展的统一，是书卷气息与大众习俗的统一。大学校园文化的核心是高校精神，大学校园文化的表征是学生的文化素质、教师的文化修养、学校的文化品位。

学校与社会的关系决定了校园文化与社会文化的关系。因此，校园文化从属于社会大文化，是社会大文化的一个组成部分，受社会大文化的制约。目前的社会大文化的重要内容之一便是：随着时代发展的需要，在更新传统文化所提倡的崇尚礼让的基础上，要求人人在合法的前提下既勇于竞争，亦善于彼此合作。这也是东西文化长期冲撞、融合的必然趋势。和谐共存的社会文化已影响了我国教育方针的制定。例如，目前我国的各级各类学校都十分重视素质教育和能力教育，以便学生走出校门之后，不仅有参与竞争的意识，而且有参与竞争的能力。当这种教育观影响下培养出来的学生进入社会参加工作时，随着社会角色的改变，他们不再是营造校园文化的主要力量，而是成为营造社会文化的主力军；他们的一切社会性的活动必然要给社会文化增添新的内容，其结果必然会影响社会文化的发展。

三、大学校园文化与社会文化的不同及相互作用

校园文化与其他种类的亚文化，如企业文化、社区文化、城市文化、军队文化等并没有什么根本的不同，差异主要表现在它自身的质的规定性。也就是说，作为社会文化的一个组成部分，校园文化的质的规定性并不仅仅在于它

所涵盖的内容丰富多彩，更在于校园文化所赖以存在的时空（学校所占有的时空）和校园文化的主体（学生、教师及在校园内直接和间接为教学、科研服务的工作人员等）这一独特性。正是由于这后者的独特性，校园文化才成为有别于其他任何种类的亚文化。例如，学生所特有的爱好、情趣，教师的师德，学校的校风等所营造的文化氛围具有与众不同的内涵。

（一）大学校园文化与社会文化的不同

社会文化是社会中起主导作用的文化，大学校园文化则是置身于社会文化大背景下的一种独具特色的亚文化，属于社会文化的范畴。二者的不同之处在于：一是从形式上看，校园文化与社会文化范围不同。校园文化表现在学校内部，本质上是社会文化领域一个角落的特殊文化形态；而社会文化是存在于社会各个领域的一般文化。二是从内容上看，校园文化与社会文化的活动方式、活动产品不同。校园文化的活动方式主要是教与学；社会文化的活动方式是社会生活本身，是以物质生产实践为基础的各种各样的实践活动。校园文化的活动产品同其教学方式、思维方式等相适应，主要表现为精神产品，使学生的思想观念和知识水平提高到新的境界；社会文化的活动产品是实践活动的产物，包括精神产品和物质产品，而且物质产品是其主要的和基本的产品。

但这些差别并不影响社会文化与校园文化间的联系，正如大学校园存在于社会之中一样，大学校园文化也是社会文化的重要组成部分，社会文化包含大学校园文化。因此，两者的关系既有部分与整体、局部与全局的性质，又有个别与一般、特殊与普通、个性与共性的性质。综观社会文化与校园文化的关系，社会文化占主导地位，校园文化居从属地位。无论何种文化形态，就其产生、发展和消亡的趋势而言，总是由社会文化决定其从属文化。

大学校园文化与社会文化在其运动过程中存在对立。这种对立表现在：①大学校园文化的现状不能满足社会文化的需要，社会文化迫切要求传统的校园文化做出相应的重大改革，否则大学校园文化就会对社会文化形成阻碍。当今世界正向多极化方向发展，经济全球化进程正在加速，和平与发展已成为当今世界的主旋律，国际政治、经济、科技、军事的竞争更加激烈，并突出地表现在智力和人才的竞争上。如果大学校园文化依然是传统型、封闭型的，那么大学培养出来的学生多数就会循规蹈矩、行为被动、缺乏个性，难以适应社会新形势的需要。社会现代化带来的大量问题迫切需要传统的学校教育做出变革，确立新的价值观念和行为规范体系。②社会文化对相对先进的校园文化排斥，校园文化强烈要求改变社会文化的现实状况。社会文化如果没有相应的提升，就会对大学校园文化形成阻碍。比如，1919年五四新文化运动在中国文化发展史上具有划时代意义，它彻底地、毫不妥协地反对封建主义腐朽文化，高举科学与民主的旗帜，引进西方文化的优秀成果，宣传和倡导马克思主义的科学世界观、社会主义的新文化。除这种知识内容方面的不同步之外，校园文化和社会文化在思维方式上也存在巨大差别，在生活方式、价值尺度、审美情趣、情感意向、心理积淀等文化因素上存在一定的相互否定、阻碍和冲突的趋势，从而它们之间的排斥和阻碍也具有不以人的意志为转移的客观必然性。

（二）大学校园文化与社会文化的相互作用

1. 社会文化是校园文化的基础

校园文化是学校置身于社会文化大背景中具有自身特色的文化形态，它既受到社会文化的影响，又受到自身发展规律的制约。大学校园是各种思想文化交织碰撞的地方。在各种各样的思想观念、科技新潮、文化热点、生活信念、行为方式融合渗透到校园时，大学校园文化一方面会以开放的姿态接受社会各种大众文化，另一方面会考虑到高校作为一个育人的场所，在接纳、倡导社会大众文化时要进行批判的、有选择的吸纳，取其精华，去其糟粕，抵制腐朽思想和腐败思潮的侵蚀，并不断地调整、充实和丰富自己，从而形成自己特有的文化体系，以适应时代要求和高校校园自身的内在需要。

大学校园文化应当是一种高雅文化，一种优秀的传统文化，一种面向世界的现代文化和对多种风格和流派兼容并包的多元文化。大学校园文化建设既要反映社会主义文化的基本要求，又应当体现校园文化所具有的独特品格。

（1）社会文化是大学校园文化发展的基础

社会文化的每一方面、层次都会在高校校园里有所反映。大学校园文化与社会文化是相互连接、相互渗透、相互制约的关系。社会文化是大学校园文化十分重要的输入来源，大学校园文化总是会主动地选择和吸收社会文化中对其有益、能为其所用的内容。大学校园文化的地位决定了它必须与社会环境相适应，它的发生、发展都受到社会文化的制约。在国难当头、民族存亡的关键时刻，高校学生投笔从戎，奔赴抗日最前线；在改革开放、国富民强的和平年代，高校学生喊出"团结起来，振兴中华"的口号。随着我国改革开放的深入，国际交往日益频繁，各种媒体传播着世界各地的消息，人们越来越关心国际社会的变化。绝大部分大学生都在密切注视社会的各种变化，努力提高自身的综合素质，以适应国际化的需要。社会主义市场经济体制的建立使大学生同社会的接触更加广泛，思想更加活跃。人才市场的竞争迫使广大大学生端正态度，重新定位自己，重视自身发展，充实和丰富自己。

（2）社会文化是大学校园文化的源泉

校园文化一旦与社会文化相脱离，就会成为无源之水、无本之木，陷入抽象主义的泥潭。在世界多极化、经济全球化、科学技术迅猛发展、多元文化激荡交融的当今世界，在全面建成小康社会、进一步完善社会主义市场经济体制的中国，在推进教育创新、深化教育改革的我国高等教育领域，要加强大学校园文化建设，就必须把握它同世界形势的变化、经济社会的发展、高等教育改革的深化之间的密切联系，高度重视和认真研究这些变化发展和改革对大学校园文化建设提出的新挑战、新问题。例如，社会主义市场经济发展与大学校园文化建设、大学调整合并与大学校园文化建设、不同办学主体的出现与大学校园文化建设、高校后勤社会化与大学校园文化建设等问题都需要本着体现时代性、把握规律性、富于创造性的精神加以研究和应对。校园文化建设要以大学生的内在成长需求为动力，体现社会发展、社会进步的长远利益与根本要求，坚持用社会主义的主流文化教育引导学生，使他们树立坚定的政治立场和不断提高他们明辨是非的能力，激发他们强烈的爱国热情和不断创新的精神。否则，大学校园文化建设就会陷入因脱离实际而落后于形势的境地。

进行大学校园文化建设，理所当然要把爱国主义、集体主义、社会主义作为人生和社会生活的基本主题，充分利用大学的人才资源、科技优势，营造浓厚的校园文化氛围，用健康、生动、高雅的校园文化滋润学生的心灵，增强他们的民族自尊心、自信心和自豪感，使他们将为中华民族的振兴和发展多做贡献作为神圣使命。

文化既是社会政治和经济在观念形态上的反映，又是推动社会政治和经济发展的精神动力。社会发展是深深根植于文化的沃土之上的，文化不仅为社会发展提供精神动力，而且为社会发展提供价值坐标。综观东方社会文明的发展历程，可以说文化的创新为社会的发展提供了强劲的动力。正因为如此，中国共产党一贯高度重视文化建设。文化的力量深深熔铸在民族的生命力、创造力、凝聚力之中。高等学校是文化建设和文化创新的重要基地。大学校园文化是社会文化系统的重要子系统，并对整个社会文化有着十分重要的辐射作用。因此，加强大学校园文化建设是发展社会先进文化的内在需要。

2.大学校园文化对社会文化的反向积极作用

大学校园文化不仅不断为社会孕育出新的思想观点、理论学说和精神食粮，而且为社会提供新的文化规范与模式。校园是知识和智力的密集区，是文化的集中体现地，也是新文化的聚集和发散地。高校师生有着思想活跃、思维敏捷、知识面广、创新能力强等优点，他们比一般的社会成员能够更快地接触和吸收人类创造的优秀成果，他们的思维个性、价值选择、行为取向、生活方式等在整个社会中都属较高层次。因此，以高校师生为主体构建的校园文化往往要超前于社会文化的发展，并能成为社会文化的先导，推动社会文化向前发展。

大学校园文化既受制于社会文化，又以鲜明的个性影响社会文化和其他亚文化系统。一方面，大学校园文化能够以居高临下之势使历史的文化和现实的文化展现在各种相互关联的校园文化活动之中，并由此得到改造，以新的风貌展现在整个社会文化系统的敏感部位以及那些直接或间接地与校园文化发生关联的亚文化系统面前，以潜移默化的方式感染和教育每个参与或关心校园文化建设的群体或个人；另一方面，校园文化能够及时地创造和反映当代社会最新文化成果。由此，大学校园文化形成了对整个社会文化的示范和引导作用。

在大学校园内产生的人文社会科学成果和自然科学成果以及蕴涵校园文化的大学传统、道德、风气等都直接作用于社会，对社会产生影响和教化作用，有时甚至会对社会发展产生划时代的重大作用。大学校园文化的最终成果也会随着高校学生的毕业而输入社会，毕业生中的大多数都能成为发展社会文化的主体和中坚力量。当然，大学校园文化在对社会文化的辐射和促进中一方面使社会文化不断改善，从而为自身的进一步发展创造了优越的环境；另一方面，也使大学校园文化的作用充分展现，这种先进性和优越感增强了校园文化开拓进取的力量和信心。大学校园文化为社会文化乃至整个社会的发展不断提供人才支持和知识贡献。社会越发展、越前进，特别是进入知识经济的时代后，对大学这方面的要求就越高，大学校园文化的功能和作用也就越突出、越重要。

此外，大学校园文化还对整个社会文化发挥着集中、整理、鉴别、提炼、积累和传承的作用，这对社会文化的可持续发展无疑具有重要意义。知识经济时代，高等教育由精英教育向大众教育的转变使高等教育辐射范围进一步扩大，从而对大学校园文化提出新的要求。一方面，随着高等教育社会化的发展，大学校园文化不仅要满足师生的文化需求，而且要走向社会，更宽更广地融入社会文化建设中，使更多的群众受益。另一方面，教育创新也要求高校提高开放水平，在办学体制、管理模式、教学科研等各个环节与时俱进，从而不断完善高校的学科建设和课程设置，促进教学改革和人才培养模式的优化，以及促进产学研相结合的进一步升级。同时，随着高校生就业制度改革的深化，自主择业、双向选择等新的价值杠杆使高校毕业生直接面向市场。因此，培养直接服务于社会经济文化建设的创新型人才是高校的重要任务。大学校园文化必须适应社会用人制度改革的现实需求，引导高校学生尽快地了解社会、更多地熟悉和适应社会，在高校生实现由校园人到社会人的过程中发挥积极作用。

3. 将大学校园知识转化为社会生产力

从教学到科研再到生产的过程是把作为知识文化的科技成果转化为物质资料的过程。这种有效结合奠定了大学校园文化的价值基础，使大学校园文化能够立足于社会并且备受重视，蓬勃发展。由于现代大学中心化进程的加速及教育是面向未来的事业，所以，在一定的条件下，教育特别是高校教育应当具有相对独立的品格，不仅应当适应社会发展的要求，而且应当引导社会前进。因此，植根于高等教育的校园文化在走向社会的同时，应摆正自己的社会位置，明确自己的历史使命，从一个全新的视角重整自己的文化心态，并主动参与社会文化建设，引导社会前进。最终在这种互动的过程中实现大学校园文化与社会文化的互相促进、共同提高，在发展中实现大学校园文化走向社会和引导社会的统一。高等学校不仅是教书育人的机构，而且承担着知识生产的重任。大学与产业合作不仅可以丰富高校的教学任务，而且能激发新的研究方向。这样的合作不仅可以有效地转让高新知识，而且可以为产业发展提供先进的技术培训。今天的校企联合与工业经济时代高校的社会服务在内涵上已发生巨大变化，其中最大的变化在于知识特别是高新技术知识的增长与创新。

总之，产学研的结合反映了高等教育向社会开放的趋势，凸显了它为社会服务的功能。这是我国高等教育改革的重要方向，也是一种国际趋势。产学合作已成为知识经济时代高校所肩负的新使命之一。

大学校园文化是一种先进文化、优质文化，是由一代又一代掌握最新科学文化知识的师生创造和积累的。作为高校灵魂的创新精神应使大学校园文化朝气蓬勃、充满活力，不断推出新思想、新观念、新事物、新成果，为社会前进提供新的文化范例。

第二章　理念考究——新时代大学校园文化建设的理念

第一节　内容解析：大学校园文化建设的含义与内容

一、大学校园文化建设的含义

任何组织在存在和运转了一定的时间以后都会形成一些共同的目标和追求，共同的信念和价值观，共同的行为方式和习惯，这些就是该组织的文化。组织的文化是必然要发生的，不管该组织的领导者或组织成员是否意识到它是一种客观存在。校园文化亦然，这种尚未被组织成员自觉建设的校园文化叫作"自在的校园文化"。

由于各个学校的建立背景不同，校长、教师的素质不同，学科领域不同，学生来源不同，学校的发展过程不同，在这个发展过程中形成的文化也就千差万别。这就是大学校园文化的个异性。英国有两所世界著名的大学——牛津大学和剑桥大学，两校相距极近，历史上还曾经是同一所大学，但二者的校园文化却表现出不同的个性：牛津更重视传统，严谨但稍保守；剑桥更重视创新，活跃而不失科学。人们称经过学校有意识建设的大学校园文化为"自为的校园文化"。大学校园文化建设是"自在的校园文化"通向"自为的校园文化"的桥梁。

校园文化的个异性带来了校园文化评价上的困难。由于学校是培养人才的地方，毕业生的素质高低应是校园文化优劣的标尺。但至少有一点是可以肯定的：从育人效果的角度观察，任何一所大学，其校园文化总有一些是有利于人才培养的文化，人们称之为优性文化，如良好的学风和校风、高远的目标、高尚的道德、融洽的人际关系、完美的公众形象等；同时，也必然存在一些不利于人才培养的文化，人们称之为劣性文化，如一些不良行为习惯和不良风气

（上课迟到、打架斗殴、不讲卫生等）。

显然，未加引导的"自在的校园文化"中往往优性文化少而不稳定，劣性文化多而成气候，这就需要自觉地进行大学校园文化的建设，即学校的领导者根据教育方针有意识地倡导和扶植那些优性文化，批评和纠正那些劣性文化，使大学校园文化不断得到优化和完善。

二、大学校园文化建设的内容

校园文化建设的内容很广泛，主要有下述七个方面。

（一）校风学风建设

校风和学风是学校传统的主要载体，是大学校园文化的核心内容，也是大学校园文化建设的重点。

风气乃是多数人的行为习惯、价值取向的体现，可以潜移默化地转变人们的思想和行为。大学校园风气对人的影响亦然。当一群各校大学生混杂在一起，细心的人常可以从他们言谈举止的不同特点中辨别出他们来自哪一所大学。校风学风建设是学校的基础性工作，也是大学校园文化建设的主要落脚点。

（二）学校制度建设

校园里良好的教学秩序、生活秩序需要一系列校规校纪来维护。制度是大学校园文化的组成部分，制度背后是高校的办学方针、培养目标和主流价值观。对于青年学生而言，养成良好的行为习惯并非易事，克服不良的行为习惯更加困难，单靠思想工作和风气的感染是不够的，必须由校规校纪来约束，其行为被强制性地限定，久而久之，养成良好习惯的行为会由不自觉升华为自觉。因此，学校的制度建设不可轻视。

（三）社会实践环节建设

优秀的人才必须依靠实践将知和行结合、统一起来。实践在增长知识、锻炼才干方面具有重要作用。实践不只是个人的生活实践、大学校园内的教学实践、课外文化和科技活动的实践，更包括走出校门的社会实践。社会是培养学生的广阔课堂，青年学生在这个大课堂中可以了解国情，接触工农，运用所学知识解决实际问题，从中发现自己的长处和短处，从成功中树立成才报国的信心，从挫折中找到努力的方向。改革开放进一步打开了学校的校门，使广大青年学生能够在校内校外两个课堂受教育。相应地，校外的社会实践也将强有力地影响学生的志向、抱负、价值观念和行为方式，成为大学校园文化的一个重要推动力量。因此，逐步完善和加强学生社会实践的各个环节也是大学校园文化建设的重要组成部分。

（四）校园文明建设

校园文明建设包括两个方面：第一，学校物质环境的建设；第二，学校文明风气的建设。大学校园的物质建设包括校门、教学楼、实验室、宿舍、礼堂、图书馆、体育馆等的设备水平和建筑风格；校牌、校徽、校标、校旗、校花、校色、校歌、校服等标志物；纪念碑、塑像、命名建筑等校内文物。它们是大学校园文化的外显层次，是学校形象的视觉识别对象，也是群体价值观的物质载体，理应成为大学校园文化建设的组成部分。而礼貌、良好的风度和秩序，以及校园中的文明风气是校风的重要内容，也是育人的软环境之一，应列入校园文化建设的内容之中。

（五）队伍建设

校园文化建设是一个浩大而艰巨的系统工程，不能一蹴而就，必须长期坚持才能收到实效。因此，高校必须造就一支强有力的队伍，统一指挥，协力实施。队伍的灵魂是高校领导班子，教职工队伍是校园文化建设的主力军，而思想政治工作队伍则是主力军中的排头兵，学生骨干队伍是进行大学校园文化建设的依靠力量。高校应针对这几支队伍的各自特点采取有力措施，加强其组织建设、思想建设和作风建设。这是大学校园文化建设的组织保证。

（六）课外学术、科技活动

从学生角度看，学习不仅是有组织、有指导的过程，而且是以学生为主体的能动的、创造性的过程。学习已成为校园文化的主要载体，而学风就成为大学校园文化的主要内容。

良好的学风离不开课堂的培养，更有赖于学生在课外学术活动、科技活动中的锤炼和体验。因此，学生课外学术活动和科技活动也是大学校园文化建设的重要内容之一。

（七）课外文化体育活动

学习是学生的主要活动，但并不是学生的唯一活动。健康的体魄是将来大学生担当大任的条件之一，因此，文化体育活动是大学校园文化建设的主要内容，尤其体育运动和比赛是培养学生集体观念、竞争观念、自强观念和良好意志品质的重要环节，是大学校园文化不可缺少的组成部分。大学时期是学生独立人格形成的时期，他们有多种不同的兴趣爱好，有多方面的潜力和才能，有多方面的需求和渴望，所以，课外文化活动历来能受到学生的欢迎和响应，成为大学校园文化最令人关注的内容之一。健康的、丰富多彩的课外文化活动不仅会使校园生活充满乐趣，利于学生形成良好的人际关系、乐观向上的性格以及高雅的审美情趣，还可以使学生受到爱国、爱党、发奋成才思想的熏陶感染，是学生形成健全人格不可缺少的培养环节。

三、大学校园文化建设的根本任务——培养人才

建设和发展大学校园文化必须围绕培养人才这一根本任务进行。

（一）大学校园文化建设中学生素质的培养

高校在建设校园文化时，应该注意通过各种方法创建优良的学习生活环境，使每个学生生活于其中时都能有意无意地在思想观念、心理素质、行为方式和价值取向诸方面受到熏陶、感染，从而实现对学生性格的塑造。

目前，学生群体中存在各种思想问题，解决这些问题的方法既包括教育的方法，也包括环境陶冶的方法。现代社会生活对学生的影响是巨大的，学生们反对把事业和生活分割开来、对立起来，因为他们认为事业本身就是生活的组成部分。他们提出：享受生活是为了更充实地开拓事业，而开拓事业也是为了更快乐、更美满地生活。因此，现代社会的学生既能啃着面包在图书馆、计算机房从早泡到晚，并在学校规定的课程之外加修多门课程，又能兴高采烈地跳舞、野餐，他们努力追寻事业与生活的最佳结合点。面对学生这种价值观念和思维方式的转变，传统的教育已显得极不适应，必须加以改革。今天的教育应该以尊重人、关心人、爱护人为原则，采用民主讨论的方法，运用现代技术手段对学生实施教育。建设校园文化、建造优良的育人环境正是完善现代教育非常有效的途径之一。

中国近代一百多年来寻求民族现代化的历史说明民族的振兴绝不能仅仅依靠"船坚炮利"，如果没有传统文化的更新，人们的文化素质、思想观念依然故我，那么再先进的设备、再完善的制度都将成为没有灵魂的空壳。所以，高校培养人才时绝不能仅仅满足于对学生知识的灌输和技能技巧的训练，而应在重视知识、技能的同时，以更大的热情、更多的精力对学生进行情感的熏陶、性格的培养、意志的培养。这种心灵的塑造完全不同于仅仅通过说教、演示、操练就可以完成的知识技能的培养，它只能靠文化环境形成心灵的感应、精神的升华、观念的更新。尤其对于 18～25 岁的大学生、研究生来说，他们的人生观、世界观正在经历着自我觉醒、自我确立的过程，因此他们的思想格外活跃，

观念容易改变。一方面，他们十分需要寻求思想的依托，以缓解内心各种观念的冲突；另一方面，他们又特别排斥说教。所以，良好的文化氛围对帮助大学生确立远大的人生理想、健康的人生哲学、乐观的人生态度都是极其有益的。

（二）大学校园文化建设中培养人才的途径

1.把思想理论指导与重视环境熏陶结合起来

在进行系统的思想理论教学的同时，注重通过各种形式组织各类健康向上、欢快、热烈的文娱体育活动，让学生在其中感受生活的乐趣，激发对生活的热爱与对美好未来的向往。

2.把理论教育与实践锻炼结合起来

学生的思维方式往往理想化、形式化，容易对复杂的生活想当然，因此走出校门后难以适应社会，书本上的理论往往解决不了实际问题。为了突破重理论、轻实践的传统教育方式，高校应该千方百计地为学生提供各种参加社会实践的机会。这样既可使学生能够在实践中检验自己的知识水准，激励学习的自觉性；又可使学生增进对社会的了解，加快适应社会的进程。

3.把整体教育与个别指导结合起来

同年级的学生因为年龄相近，有着共同的生理、心理特征，为实施整体教育提供了基础，但是由于每个人的生长环境、性格气质不同，他们对教育又有着各自不同的需求。因此，教育必须针对每个人所面临的问题进行深入、细致、具体的指导，这样才能有的放矢，收到成效。

4.把思想引导与纪律约束结合起来

学生的成长既需要思想上的引导、教育，也需要纪律上的约束、限制；既要重视学生创造能力的培养，也要重视纪律的客观约束作用。因此，校园文化的建设既要重视思想教育又要重视纪律制度的执行。

第二节 建设规范：大学校园文化建设的原则和意义

一、大学校园文化建设的原则

（一）方向性原则

社会主义的办学方向决定校园文化建设的方向。我国高等学校的根本任务是培养社会主义的建设者和接班人，这种性质就决定了我国大学校园文化建设必须以马克思列宁主义、毛泽东思想、邓小平理论、"三个代表"重要思想、科学发展观、习近平新时代中国特色社会主义思想为指导，坚持社会主义方向，抵制消极、腐朽思想的渗透和影响，抑制低俗文化趣味和非理性文化倾向，引导校园文化向健康高雅方向发展。

（二）主旋律原则

大学校园文化建设在弘扬时代主旋律，倡导爱国主义、集体主义、社会主义，讴歌时代真、善、美，以科学的理论武装人，以正确的舆论引导人，以高尚的情操塑造人，以优秀的作品鼓舞人，引导高校学生追求高尚的道德情操、健康的审美情趣，倡导正确的消费观和生活方式，树立正确的世界观、价值观和人生观。

（三）育人原则

大学校园文化建设必须有利于人才培养，必须注重高校学生思想文化素质的提高。大学校园文化建设作为高校精神文明建设的重要组成部分，根本目的是培养有理想、有道德、有文化、有纪律的社会主义"四有"新人。

（四）自主性原则

大学校园文化建设要广泛吸引学生的参与，充分发挥学生的积极性和自主性，尊重学生在校园文化建设中的首创精神。

（五）系统性原则

大学校园文化建设是一项内容丰富的系统工程，要有目的、有计划、有组织、有分工地进行，在全校范围形成一个大学校园文化建设网络。

（六）开放性原则

大学校园文化作为一种文化，必然要与其他文化相互联系、相互影响。大学校园文化建设要吸收其他文化（如企业文化、军队文化、乡镇文化等）建设的优秀成果，要充分利用社会设施，发挥大众传媒对大学校园文化建设的影响。与此同时，大学校园文化建设还必须注重以下几点。

1.注重思想性，构建当代大学生的精神家园

高等学校培养人才不能仅满足于对学生知识的灌输和技能的培养，还必须对学生进行思想的引导、情感的熏陶、意志的铸造和性格的培养。

在社会主义市场经济条件下，新旧体制转轨期间，社会上出现的各种不正

确的价值观、利益观、道德观和各种假丑恶的东西伴随着社会文化的健康内容也一同涌入大学校园文化中，使大学校园文化良莠不齐。如果高校不注重大学校园文化的思想性，放任各种社会文化现象在大学校园汇集并影响学生，就不能培养出适应时代需要的合格人才。

只有运用马克思主义世界观和方法论，辩证地对待各种社会影响，由表及里，去伪存真，才能从根本上把握大学校园文化的方向和掌握积极健康的内容；才能通过有效的方式方法，把社会上正确的价值观念、道德原则隐含在自己的文化结构中；才能通过灌输、启迪、熏陶而潜移默化地改变学生的思想、行为和提高学生的道德品质，并将这种积极的影响逐渐积淀于大学生文化心理的深层结构中。当他们走向社会后，这种新文化观念就可能发扬光大，起到影响民族心理和民族精神的作用，从而促进民族文化的积极更新，构建具有时代特征的中华文明。

2. 注重知识性，找准结构点，实施文化育人

大学校园文化的知识性体现在校园文化的活动内容和制度的建立上。大学生在校园文化的熏陶下不但丰富和拓展了第一课堂知识面，优化了知识结构，而且培养了兴趣爱好，锻炼了能力。如果大学校园文化缺乏知识性，在内容上杂乱无章，就会导致学生分析能力、辨别是非能力不足，思想上易出现误区，不能适应时代的需要。

思想政治教育的目的就是要培养适应社会主义市场经济需要的人才，在育人的目标上，大学校园文化与思想教育存在相同的规律性。思想政治教育育人要以内容丰富多彩、知识性强的大学校园文化为基础，而大学校园文化知识性活动的实施又再现了思想教育文化育人的主题，二者密不可分。如某大学校园中开展的"历史与责任"知识竞赛就包含"两史一情"的革命传统与爱国主义、集体主义教育内涵，是大学校园文化与思想政治教育的有机结合。

3. 注重实践性，培养一专多能的复合型人才

面对时代的呼唤，面对人才市场的冲击，高校毕业生如何在社会主义市场经济条件下站稳脚跟，形成良性的供求关系，给高校提出了一个严肃的课题。培养一专多能、德才兼备的合格人才便成为大学校园文化建设和思想政治教育的共同任务。

为适应这一形势和任务的需要，大学校园文化建设应在匠心设计、运转方式上不断加大实践含量、科技含量，以增加育人的力度。从大学校园文化氛围和客观实际出发，以培养社会需要的实际人才为目的构建校园文化的基础框架已成为当代大学校园文化发展的新走向。目前，大学校园内出现的"计算机

热""外语学习热"等现象足以说明,在市场经济的冲击下,作为大学校园文化主体的学生锻炼实际本领的自我意识在增强,对科技与人才的竞争有较清醒的认识。大学校园文化建设与社会实践的结合,不但促进了学生社会实践活动的开展,而且深化了校园文化活动的内容。

4.注重趣味性,增强校园文化的活力

大学校园文化的趣味性并非意味着大学校园文化是一种单纯的、无限制的娱乐,大学校园文化应在显示趣味性的同时体现校园文化的教育性。思想教育工作者应善于在校园文化建设中发现闪光点、寻找兴奋点、注意敏感点、把握共鸣点、选准工作点,这样才能有的放矢地开展工作,才能保证校园文化的健康性、趣味性,大学校园文化才有活力和生命力。

新时代给大学校园文化带来了新的信息、新的内容和新的形式。目前,高校里的乐团、合唱团、舞蹈团、戏剧社等都是校园文化生活中的骨干组织。学校开设的舞蹈班、书法班、美术班等为具有不同爱好的广大同学提供了学习、参与的良好条件;各级各类的文艺汇演、比赛、讲座、音乐茶座等为广大学生提供了参与和欣赏的机会。大学校园文化的趣味性打破了"教室—食堂—寝室"三点一线式的单调的大学生活动格局,成为大学生生活中不可缺少的有机组成部分。

二、大学校园文化建设的意义

(一)加强大学校园文化建设是深化高校教育改革、优化育人环境的重要内容

大学校园文化从内容结构上讲表现为三种形式:一是校园物质文化,主要指校园环境、图书资料、教学设施、文化设施等,是校园文化的基础;二是校园制度文化,主要指领导体制、组织机构、管理制度、行为规范等,是联系校园物质文化和校园精神文化的纽带;三是校园精神文化,主要指办学方向、教育思想、校风、学风等,是校园文化的核心。加强大学校园文化建设,建设各具特色的校园物质文化、校园制度文化和校园精神文化,是丰富学校的教育内容、教育活动和优化教育环境的主要内容。

(二)加强大学校园文化建设是加强高校思想政治工作的重要途径

大学不仅要向学生传授知识和技能,而且要提高学生的思想素质。当前除通过思想政治理论和思想品德课的主渠道对大学生进行思想政治教育外,还要

加强大学校园文化建设，利用大学校园文化对学生进行思想教育，在学生中开展具有思想性、教育性、趣味性的校园文化活动，来活跃学生思想、丰富学生才干、陶冶学生情操，帮助学生树立正确的世界观、价值观，增强抵御自由化思潮的能力。只有把政治教育根植于大学校园文化中，才能更好地帮助学生理解党的基本路线，掌握中国特色社会主义理论。

（三）加强大学校园文化建设，有助于全面提高学生的素质

加强校园文化建设，建设清新雅致的校园，培养团结向上的校风和学风，建设优良的教学秩序、生活秩序，对身临其境的教职员工有无形的感染力、约束力、促进力。开展多学科、多层次、多内容的校园文化活动不仅有利于拓宽学生知识面，改善学生知识结构，而且有利于培养学生的参与意识、竞争意识和成长意识；不仅有利于培养学生的思维表达能力、交际协调能力、组织管理能力，而且有利于促进学生个性发展，增强学生自信心、自尊心、社会责任感、历史使命感，促进学生素质的全面提高。

1. 提高大学生文化素养，完善其知识结构

课堂教育是传授知识的主渠道，课余科技文化活动是课堂教育的延伸和补充，大学校园文化的发展使两者有机地结合起来，共同发挥育人的作用。传统的教育教学模式和内容已远远不能满足新时代学生的要求和社会的需要。高校改革应从多个方面直接改革常规教育的手段，已成为不可缺少的内容，应为学生提供展示风貌、表现才智、提高能力、发展自我、完善知识结构的广阔天地。良好的校风、教风、学风是无形的力量，可以创造积极进取、奋发向上的环境氛围，使教师以严谨的态度和高尚的人格去影响学生，也使学生亲其师、信其德、学其知，学习的兴趣得以激发，知识得以丰富，朝着教师期望的方向发展。

2. 提高大学生思想觉悟，培养其进取精神

作为大学校园文化灵魂和核心的校园精神文化能引导大学生积极进取、努力成才。大学校园文化形式多样，寓教于乐，以熏陶为主要手段，是对学生进行思想政治教育的有效途径之一；广大学生通过参加校园文化活动，能在潜移默化中得到启迪和教育，对自己的人生观和信仰进行审视，实现提高思想觉悟、培养进取心的目的。

3. 提高大学生审美情趣，加强其自身修养

具有一定文化色彩和教育意识的校园环境能使学校的各种物化的东西都体现出本学校的个性和精神，使学生不知不觉地受到熏陶、暗示、感染，产生一

种崇高的文化享受和奋发向上的热情。大学校园文化中内容健康、形式多样、格调高雅的精神文化活动为大学生充分表现爱美的天性提供了机会和条件，让他们能以各自的审美情趣美化生活，培养对美的感受能力、欣赏能力、判断能力和创造能力，确立高尚的道德情操和审美情趣，完善自我，自觉抵御那些低级淫秽、腐朽没落、毒害青年学生健康成长的、与社会主义精神文明格格不入的文化活动的影响。

4.提高大学生多方面能力，促进其全面发展

大学校园文化能以其奇妙的凝聚力和向心力把师生吸引到丰富多彩的文化活动中来，从而增加了师生相互接触的机会，扩展了学生交往的空间，锻炼和培养了学生多方面的能力，促进其全面发展。科技类大学校园中的文化活动对提高学生的科研综合能力和自学能力大有裨益；社会实践活动则能够使学生了解大千世界，丰富社会阅历，有助于他们分析问题、认识问题能力的提高；体育类活动则可以强壮身体，培养学生坚韧不拔的进取精神和集体主义精神。同时，不少学生在大学校园文化活动中既是参加者，又是组织者，他们通过活动能锻炼自己的领导组织才能。

5.提高大学生心理素质，增进其身心健康

心理素质教育既是当代心理学的一种新的发展，又是当代学校教育的一种新的发展，同时也是当代社会对心理学和学校教育所提出的新要求。当今大学生中独生子女比例越来越高，加上多年传统的应试教育，有些学生成为了"高分低能"型的人，他们进入大学后，对环境的适应能力、独立生活能力、学习能力都较差，常常会导致许多心理问题；同时随着新的就业机制的建立，大学生在面对纷繁复杂的社会生活要求和激烈的市场竞争时缺乏必要的心理适应能力，往往会焦虑紧张，甚至出现心理障碍和心理疾病。大学校园文化活动的开展为大学生提供了适应大学生活和社会生活的条件和机会，同时心理健康辅导、心理咨询及大学生心理卫生协会等成为学生进行思想感情沟通、增进身心健康、提高心理素质的有效方式。

第三节　探索机制：大学校园文化建设的机制构建

"机制"一词最早源于希腊文，原指机器的构造和动作原理。现在，通常情况下，它泛指一个工作系统的组成部分之间相互作用的过程和方式。自 1991 年"机制"概念被引入大学校园文化研究领域以来，对大学校园文化机制及其建

构的研究已取得了一定成果，但总体而言仍相对薄弱。大学校园文化建设是一项重大的系统工程，涉及内容庞杂，参与面广。要让这样一个复杂而庞大的系统高效健康地运转起来，就必须建立科学合理的运行机制。只有这样，校园文化建设才能形成良性、可持续的发展态势，其引导和规范师生员工、促进学校发展等功能才能真正实现。一般而言，校园文化建设的机制应当包括科学的员工管理机制、高效的协调机制、有力的激励机制和完善的保障机制等。

一、管理机制

大学校园文化建设是一项全局性的工作，必须要有坚强的领导、科学合理的管理机制，全员参与，共同努力，才能进一步开创大学校园文化建设的新局面。《教育部、共青团中央关于加强和改进高等学校校园文化建设的意见》明确指出："高等学校要从学校发展和人才培养的战略和全局高度，充分认识加强校园文化建设的重大意义，统筹规划校园文化建设。要成立学校党政主要领导任组长的校园文化建设领导小组，统一领导和指导本校校园文化建设。"

（一）加强领导，完善大学校园文化建设组织机制

一套高效的大学校园文化运行机制必须要有坚实有力的领导组织为保证。为此，应当形成以学校党委统一领导、党政齐抓共管、各单位分工协作的组织领导机制。

1. 学校党委

在学校党委的统一部署下，建立以学校党政主要领导为组长的校园文化建设领导小组。该小组由校、院党政主要领导和分管领导以及相关单位部门负责人组成，负责校园文化建设的顶层设计和全局研判，确定校园文化建设的总体目标、任务和要求，制定校园文化建设总体实施方案，并对校园文化建设的过程、进度和效果进行指导和监督。

2. 宣传、学工、工会等主要职能部门

宣传、学工、工会等主要职能部门要充当大学校园文化建设的中坚力量。一方面，他们要根据大学校园文化建设的需要，科学组织和开展全校性的校园文化建设活动和项目，在全校的校园文化建设中起到标杆和示范性作用，引领校园文化建设和发展的方向；另一方面，他们要对各院系的校园文化建设工作进行宣传和指导，负责贯彻、督促、落实学校校园文化建设方案的实施等。另外，财务、基建、后勤、保卫等部门要充当校园文化建设的协助和补充力量，提供保障，确保校园文化建设各项工作的顺利开展。

3. 各院系

各院系要成立以院系党政主要领导为组长的院系校园文化建设领导小组，小组成员应包括院系党政主要人员、分管领导、班主任及学生干部等，负责校园文化建设的实施和开展，其中既包括根据学校总体安排开展校园文化建设的"规定动作"，也包括根据院系实际情况自行开展的"自选动作"。同时，各院系领导小组还需及时将校园文化建设的需求、进展和效果等向学校校园文化建设领导小组汇报和反馈。

通过设置科学合理的组织机制，加强对校园文化建设的领导，校园文化建设就能够真正落到实处。需要特别指出的是，大学校园文化建设难以立竿见影，它是一个漫长的、持之以恒的过程，对师生员工的影响也是潜移默化的，要防止急功近利、心态浮躁。学校党政领导特别是党政一把手要高度重视大学校园文化建设，亲自参与大学校园文化建设的重大决策，主动调查了解大学校园文化建设的动态和热点，切实解决校园文化建设中遇到的困难和问题等，从而加大大学校园文化建设的力度，推动大学校园文化建设扎实有效进行。

（二）统筹协调，不断提高管理的科学化水平

鉴于大学校园文化建设的长期性，必须对大学校园文化建设的总目标和总任务进行科学而详细的分解，将这些分解后的目标和任务分配到各级单位，明确各级职责范围，层层落实，并建立领导责任制和目标管理体制，形成可量化的考核指标体系，根据既定的考核指标，定期进行严格考核，从而促使校园文化建设的目标和任务抓实抓好。

学校要统筹大学校园文化建设的资源分配，即根据既定的目标和任务，进行人力、财力、物力等相应资源的分配。需要指出的是，大学校园文化建设并非资源分配到相应的建设单位后就完成了，而是应当建立科学的资源管理制度，对资源的使用情况进行有效的监督和跟进，对未能合理利用的资源要坚决收回，对需要补充的资源要进行评估，对浪费资源的现象要批评惩罚。通过这些措施，避免资源的浪费，确保物尽其用，支撑大学校园文化建设工作顺利开展。

大学校园文化建设有总体、有局部，有重点、有细节，有先行、有后进，因此，对大学校园文化建设的各个部分、各项活动、各个项目都要有相应的管理思路。总体来讲，对于全局性的、重大的大学校园文化建设项目，大学校园文化建设领导小组要统一领导、统一部署，要加强质量控制，采取过程管理与目标管理相结合，强调每一个环节的权利和责任，确保建设的实效，如对校园

环境、人文景观的规划和改造等。相反，对主要在基层单位开展的局部性的校园文化建设项目，应当尽可能地给实施单位以充分的自主权，使大学校园文化活动在全校呈现出争奇斗艳、百花齐放的兴盛局面。例如，各院系自行组织开展科技节、文化节、艺术节等文化活动。当然，对于由基层单位组织和实施的校园文化建设工作，学校校园文化建设领导小组在提供资源支持、下放权力的同时，也要加强目标管理，对工作的效果进行监督评价，确保能够对全校的校园文化建设工作起到积极的推进作用。

（三）提高认识，优化全校师生员工参与机制

大学校园文化建设是一项系统工程，与学校各个方面的工作密切关联，事关学校每一位师生的切身利益。大学校园文化建设得好，学校就会形成优良的学风、教风和校风，从而有利于师生的学习、工作和生活，促进他们更好地发展和成长成才。因此，大学校园文化建设不是单个或几个部门的事情，而是全校所有师生员工的事情，需要学校的每一位成员为之努力，需要大家共同参与、共同协作、共同营造健康优越的学习、工作和生活环境。浓郁丰厚的大学校园文化氛围必定是全校师生员工共同努力、共同参与的结果，优良的大学校园文化也将更加有益于师生员工的学习和工作，二者是相辅相成、互促互进的。因此，全校师生员工要充分认识到自己在大学校园文化建设中应尽的责任，积极投身校园文化建设。

让全校师生员工都参与到大学校园文化建设中来。首先，在观念意识上要提高认识，让每一位师生员工都认识到校园文化建设的重要性，意识到自己的一言一行都与校园文化建设息息相关。特别是对于从事教学和研究工作的教师，要让他们明白校园文化建设不单单是学生的课外活动，更体现在自己的教学和研究的工作当中，体现在每一位教师由内而外流露出的气质和魅力中，体现在自己培养的学生的品德和素质中。其次，在大学校园文化建设过程中，要创造环境、创造机会让师生员工有充分的条件参与进来。因此，在文化活动的设置上，既要有适合绝大多数普通学生参与的活动，也要有适合特殊专长学生参与的活动；既要有轻松活泼的文体活动，也要有严谨专业的学术活动。让青春的活力在校园迸发，让创新的智慧在校园闪耀，给每位师生以施展才华、展示自我的舞台和机会。再次，学校要为师生员工参与校园文化建设提供政策保障，对积极投身校园文化建设的师生员工给予支持和奖励，鼓励教师将自己的教学和研究工作与文化建设相结合，主动为学校的校园文化建设贡献力量。最后，学校要重视第二课堂的建设，将师生建设和参与第二课

堂的成效与其工作和学习的评价相结合，充分调动他们参与校园文化建设的积极性。

二、协调机制

鉴于大学校园文化建设的复杂性，要处理好大学校园文化建设与社会文化发展、学校其他各项工作，以及大学校园文化建设内部各方面的关系，必须加强大学校园文化建设内外各要素的协调，使大学校园文化建设与学校发展、社会发展和谐同步。

（一）大学校园文化建设与社会文化发展相协调

大学校园文化虽是一个相对独立的文化系统，但它并不是封闭的。大学校园文化在其形成和发展过程中是动态的、开放的。社会文化是大学校园文化系统的重要来源，对大学校园文化具有重要影响，它在一定程度上影响着学校的办学理念、办学思路。在大学校园文化与社会文化的关系上，社会文化是主文化、大文化，大学校园文化是从属于社会文化的亚文化，二者既有联系又有区别。一方面，大学校园文化与社会文化具有明显不同。从范围上看，大学校园文化主要局限于学校内部，它是社会文化一个局部领域的文化形态，而社会文化是存在于各个领域的一般文化；从主客体上看，大学校园文化主要由学校师生员工创造，惠及对象也是校内师生员工，而社会文化的主客体则是社会民众；从内容上看，大学校园文化主要关于学校教学、研究、管理等各方面，而社会文化内容则是社会生活本身，表现为各种各样的实践活动。另一方面，大学校园文化与社会文化是相互渗透、相互制约的。同时，大学校园文化对社会文化也有重要的辐射和促进作用，甚至从某种程度上讲，大学校园文化可以说是社会文化的晴雨表，它促进社会文化的不断发展。"大学校园文化对社会文化的作用主要是通过造就、熏陶人才的独特品格和精神风貌以及营造高等学校这个特殊群体共同形成的特有的文化氛围来实现的，并从根本上推动着社会文化的发展与进步。"[1]

可见，大学校园文化不能脱离社会文化的大背景谈建设，否则就会成为无源之水、无本之木，它必须紧跟社会文化发展的潮流，与其相适应，时刻处于动态的变化和发展当中，以创新的精神和行动迈进。同时，基于校园文化与社会文化的差异，校园文化要想保持旺盛的生命力，就必须服务于学校教学

---

[1]　宋德新．大学校园文化建设［M］．天津：天津人民出版社，2006：28．

育人的根本任务，立足于本校的实际，坚持自己的个性，形成特色。大学校园文化如果没有自己的特色，就会千篇一律，这不利于大学校园文化长久持续地发展。

（二）大学校园文化建设与学校整体发展相协调

高校发展涉及方方面面，包括教学、科研、科技服务、党建、校园文化、人才队伍、国际化、后勤服务等诸多内容，校园文化建设是其中一项工作。但校园文化建设又与高校的其他各项工作保持着密切联系，因此，必须将校园文化建设与高校其他工作协调起来，使校园文化建设的目标和任务与学校整体发展的目标和任务统一起来，共同进步，共同发展。

首先，要在大学校园文化建设与教学、科研、社会服务等各项工作之间建立互通、联动机制，使各方的人力资源、信息资源、硬件资源等能够互通互享，使大学校园文化建设得以在更广的范围以更加多样的形式开展。如创造条件使专业教师积极参与学生社团活动，结合科研工作开展各类科技竞赛活动，结合社会服务开辟学生教育活动基地，结合国际化开展留学生的文化交流活动等。通过建立这种协调机制，使学校的各条战线都能参与到大学校园文化建设工作中。

其次，应当将大学校园文化建设纳入学校事业发展的全局统筹考虑，在制订学校中长期和年度发展规划时，要充分考虑大学校园文化的权重，将大学校园文化建设摆到恰当的位置，并根据学校的总体规划和目标为大学校园文化建设设定相应的目标和任务，使得校园文化建设与学校整体发展步调一致、协调统一。

最后，结合大学校园文化社会主义核心价值观教育的主题、任务和目标，加强融入机制建设，明确全校教职员工在思想育人工作方面的职责，将思想育人融入教育实践的全过程。注重将社会主义核心价值体系的构建渗透到教学、科研、工作和生活的各个方面，充分体现课堂育人、实践育人、环境育人、活动育人，使学生潜移默化地接受社会主义核心价值观教育，内化于心、外化于行。

（三）校园文化建设内容之间相协调

校园文化的内部结构可分为物质文化、制度文化、行为文化和精神文化四个层面。同时，这四个方面也是大学校园文化建设的主要内容。大学校园文化建设应注重使四方面的内容内在统一、协调发展。大学校园文化建设内容的不协调除表现为上述各层次发展的不平衡外，还表现为各部分内容发展方向的不一致性。健康的大学校园文化的精神文化、制度文化、行为文化和物质文化应当具有内在一致性，各组成部分应朝着同一个方向，为达成同一个目标而贡献力量。一般而言，精神文化是大学校园文化的核心和灵魂，它统领着制度文化、行为文化和物质文化的建设方向，学校的制度文化、行为文化和物质文化建设都应围绕学校的办学理念、办学思想、办学愿景等开展。

在大学校园文化建设过程中，精神文化、制度文化、行为文化和物质文化必须协调发展，应做好整体规划，给每部分内容以合理的定位，特别是对于精神文化和制度文化要更加重视，绝不能顾此失彼，偏倚一方。当前高校中各部分内容建设的不一致屡见不鲜，如校园环境建设片面追求新颖时尚，却不能体现本校的办学历史和发展特色。因此，校园文化建设在设计和规划阶段就应当根据本校发展特色和实际明确校园文化建设方向和目标，使其精神文化、制度文化、行为文化和物质文化能相互协调、相互补充，各部分形成良性互动，共同完成校园文化建设的目标和任务。

（四）校园文化建设载体之间相协调

学校的网络、校报、杂志、广播等是大学校园文化建设的重要平台，但目前这些平台在大学校园文化建设过程中发挥的作用比较有限。这主要是因为在新媒介日渐盛行的背景下，部分高校的不同媒介仍然各自为政，缺乏相应的融合，从而导致整体效应不突出。大学校园文化活动是校园文化建设的重要载体，目前高校的校园文化活动普遍种类多、数量多，但重复性高、层次低，难以形成优势和品牌项目，对大学校园文化建设的促进和提升作用有限。因此，要统筹好各种校园文化活动，形成合力，就必须把握好以下两点：一是打造品牌。对校园文化活动进行科学分类，突出重点，如按照科技服务、学术创新、文艺体育、社会实践等将大学校园文化活动进行合理规划，确定每一领域的建设目标，并明确各自主要的依托单位和平台，着力在各个领域培育品牌活动。在大学校园文化活动的各个方面都培育若干领头羊，并由其带动全校都参与其中，服务于整体品牌的建设，避免各单位活动的低层次、无意义的重复。二是充分调动大学校园文化活动的主体积极性。由于校园文化活动以学生为主体，因此，要重点抓住学生社团和学生班级这两个主体。在活动开展过程中，要在各社团、各班级间建立良性的协作和竞争机制，使全校学生都能够有恰当的途径参与到活动当中，并通过社团、班级培养自己的竞争和合作意识。

因此，大学校园文化建设平台要达到效应最大化，就必须走媒体融合之路，从组织、内容、队伍、平台等多方面着手，提升专业化水平，实现真正意义上的资源共享和优势互补。同时确保各媒体在内容上相互衬托，在介质上相互融合，实现"和而不同"，如校报刊载的重大事件，电视上会配以专题片；新闻网除图、文作品外，也要融入影、音作品等。这样，才能避免各说各话，形成相互协调和配合，达到宣传效应的最大化。

三、激励机制

有效的激励机制能够调动人的积极性，激发人的创造力。大学校园文化建设是一项需要全校师生员工共同参与的工作，因此，必须建立强有力的激励机制，才能吸引广大师生员工投入大学校园文化建设。激励机制的构建要根据师生员工的心理活动规律，摸清他们真正的需求，同时要使大学校园文化建设的目标与社会主义核心价值体系建设的目标相一致，最大限度地激发他们参与大学校园文化建设的动机。

（一）目标激励与竞争激励相结合

设置科学合理的目标是激励的重要方式之一，恰当的目标能够激发人的热情，并使人为之努力。在大学校园文化建设中，校园文化建设的内容应当是学校总体目标的组成部分。学校的总体目标是全校师生员工凝聚力的核心所在，指明了全校师生员工努力的方向，体现了师生员工的意愿和追求，能激发他们强烈的责任感和使命感。各单位和个人在设立各自的目标时，应当将学校的总体目标、单位的目标和个人的奋斗目标结合起来，保持总体方向的一致性，从而使每个人在完成个人目标的同时又能推动学校向总目标迈进。

在向目标迈进的过程中，学校还应当将竞争机制引入到大学校园文化建设过程中。一方面，可以进一步增强师生员工的危机意识、自觉意识和竞争意识，从而激发他们的创新活力；另一方面，也可以在竞争中使优秀师生员工尤其是优秀的学生脱颖而出，在群体中树立榜样，从而产生强大的示范辐射力。在具体操作中，可开展类型多样的评优活动，这些活动不应局限于校内，可与其他高校横向联合和比较（如跨学校的知识竞赛、研讨活动等），从而进一步拓宽师生的范围和视野，更有利于他们的成长和发展。需要注意的是，在大学校园文化建设中引入的竞争激励应当是良性的和有益的竞争，在竞争的过程中，教师间、同学间、师生间是既竞争又合作的，大家在相互比较中共同努力，在见贤思齐中反思，互促互学，共同进步。因此，设置竞争激励就必须注意让竞争沿着正确的方向发展，保证竞争在公平基础上进行，通过对竞争动因、过程和目标的引导，使大家在竞争中共同迈向成功的彼岸。

（二）物质激励与精神激励相结合

物质激励又可称为薪酬激励或绩效激励，它是以奖金、实物、待遇等形式对在校园文化建设中做出突出贡献的单位或个体给予一定的物质奖励，进而激发他们参与校园文化建设的积极性和创造性。如对积极参与大学校园文化活动的教师和学生给予加分奖励；对指导学生参加科技竞赛和社会实践并获得重大奖项的教师给予破格晋升职务和专业技术职称的奖励；对创造大学校园文化品牌活动的院系和学生团体给予资金和物质支持等。物质激励既能为投身大学校园文化建设的单位和个体提供物质支持，又能进一步激发他们继续努力向前迈进的热情。

精神激励的作用是巨大的，有时甚至比物质激励的效果更加明显。因此，校园文化建设中要注意运用精神激励，即通过表扬先进、颁发荣誉、树立标杆，包括颁发奖状、奖牌和授予各种光荣称号等方式，给参与校园文化建设的单位和个体以充分的肯定，使其自身的价值充分体现并能为其所感受到，从而激发他们的积极性和创造性。马斯洛在《动机与人格》一书中论述人的尊重需求时指出："社会上的人们都希望自己有稳定、牢固的地位，希望得到他人的高度评价和赞誉。运用精神激励，既要重视鼓励先进，建立榜样激励机制，也要关心后进，倡导尊重人、爱护人、帮助人，从而在全校营造崇尚先进、你追我赶的良好氛围。"[1]

需要指出的是，物质激励和精神激励应当相互结合，片面强调一方面忽视另一方面是不恰当的。特别是在当前市场经济的大环境下，有些高校过分强调物质激励，从表面上看，确实调动了师生的参与热情，但可能会使人们过于功利性，而且工作的质量无法得到保证。长期来看并不利于大学校园文化的健康发展。过分的物质激励带来的副作用很大，如单位或个人间恶性竞争、师生关系功利化等。因此，在加强物质激励的同时，必须强调精神激励，使师生员工在大学校园文化建设中充分体现自身的价值，提高自觉性，从而真正激发出师生的积极性和创造性，使校园文化建设健康顺利开展。当然，二者在运用过程中应当根据具体情况的不同而有所侧重，如针对勤工助学学生的技能竞赛应侧重物质激励；针对教师的课堂教学竞赛则更应侧重精神激励。

（三）正激励与负激励相结合

在校园文化建设过程中，通过奖励和惩罚对行为人的行为方式和行为结果

---

① 亚伯拉罕·哈罗德·马斯洛.动机与人格[M].方士华,译.北京：北京燕山出版社,2013:
126.

进行评价调节是激励的一种重要方式。其中，奖励的激励方式称为正激励，惩罚的激励方式称为负激励。

正激励包括物质奖励和精神奖励，如奖金、升职、荣誉等。通过正激励，能够为师生参与大学校园文化建设指明方向、树立榜样，能激发和维持正确的动机，倡导和巩固正确的价值观。负激励也有多种形式，如罚金、降职、纪律处分等。负激励既可以让犯错的行为人受到惩罚，纠正其错误行为，又可以警示其他人，引以为戒，进而将潜在的不良动机减弱甚至消退，使大家都朝着健康正确的方向发展。

正激励与负激励相结合即要求赏罚分明、奖功罚过、奖优罚劣，只有这样，才能使大学校园文化建设的先进工作者得到肯定，进一步激发他们的工作热情；才能使后进者感到压力，受到鞭策，进而追赶先进者，在全校形成人人争先的良好局面。否则，奖罚不清、是非不明，就会形成干多干少一个样，干与不干一个样，这必然会挫伤师生参与校园文化建设的积极性。因此，只有正激励与负激励相结合，才能真正发挥出激励的效果。当然，由于正激励是一种主动性激励，能够使人心情愉悦；而负激励是一种被动性激励，容易造成情绪压力。因此，在实际校园文化建设工作中，应当以正激励为主、负激励为辅，激发师生以主动自觉的行动投入到校园文化建设工作中。

四、保障机制

校园文化建设的目标要顺利、高效地实现，必须建立健全校园文化的保障机制，从政策、队伍、物质、制度等各方面给予支持。《教育部、共青团中央关于加强和改进高等学校校园文化建设的意见》明确指出："高等学校要把校园文化建设经费纳入学校预算，在人、财、物等方面加大投入，确保校园文化建设各项工作顺利开展。"下面将从校园文化建设的物质保障、制度保障、队伍保障三方面进行论述。

（一）校园文化建设的物质保障

校园物质环境是开展校园文化建设的"硬件"基础。校园物质环境既包括校园的地理位置、地形风貌等自然环境，又包括校园建筑、人文景观、教学研究和学习生活条件等非自然环境。其中，非自然环境包括校园整体规划精心设计、布局合理，校园建筑与校园环境和谐统一、彰显特色，图书馆、校史馆、展览馆等资料齐备，教学、科研设施完善，学习环境优越，各种文化、体育、科技活动场所丰富，校报、新闻网、广播、电视、橱窗、阅报栏、宣传栏等宣传阵地建设良好等。

　　大学校园文化建设必须要有一定的经费予以支持和保证。因此，高校应当把校园文化建设经费纳入学校整体预算，加大经费投入的力度。经费投入的范围，既包括常规性的教育活动经费、大型宣传活动经费，又包括基地平台建设、设备物资购置等所需经费。此外，在特殊时期，针对校内外的一些重大事件和重大活动，高校还应提供相应的专项经费，从而保证大学校园文化建设各项工作的顺利开展。

　　良好的物质环境能够使师生在潜移默化中受到熏陶和教育，对校园文化建设具有至关重要的影响，如清华大学的清华园、北京大学的未名湖、南开大学的周恩来塑像、浙江大学的竺可桢塑像等。所有这些校园的"物质空间"环境起到了一种无声语言的隐性教育作用，产生了自觉自愿、潜移默化的效果。[1]

　　与校园物质"硬性"环境相对应，"软性"环境也必须要跟得上，与"硬性"环境相配合，校园文化建设物质保障的作用才能真正体现。例如，对校园景观、道路、建筑等的命名，既要符合环境对象本身的物理特征，又要充分体现它所承载内容的特点，要将学校的发展历史、办学特色、发展理念等充分考虑进去，使校园环境的每一部分在满足实用功能的同时，又具有教育和审美功能，使校园物质环境的建设成为一种传播真善美、陶冶情操的活动。只有将"硬性环境"与"软性环境"相结合，才能真正优化校园环境，营造和谐向上的育人氛围。

　　需要注意的是，校园文化建设并不仅局限在校内，相反，它与社会各界的结合越来越紧密。因此，校园文化建设的物质保障也要将目光投向校外，争取更多的资源和平台支持。其中，既包括以学校、单位或个人的名义向社会争取资金支持，吸引社会单位或个人投资支持校园文化建设，又包括在校园外建立思想政治教育基地、课外实践基地、科技服务基地及志愿服务基地等，让校园文化走出校门、走向社会，在更大的平台上促进校园文化建设工作的开展。

（二）校园文化建设的制度保障

　　加强现代大学制度建设、建立并完善大学章程是校园文化制度保障最为重要的一项内容。在这些制度中，既包括高校内部管理制度（如完善党委领导下的校长负责制，建立和完善党委会议事制度、教职工代表大会制度等），又包括学校各项工作正常开展的保障制度（如教学管理、科研管理、人事管理、财

---

[1]　白同平.大学校园文化论[M].北京：中国林业出版社，2000：246.

务管理等），还包括规范师生员工学习、工作和生活的行为准则（如教师行为规范、学生守则、学生社团管理规定、学生宿舍管理规定等）。

科学完善的制度是校园文化建设的必要保证，只有建立完整的规章制度，加强制度执行，才能进一步规范师生员工的行为，保证各方面工作和活动的开展与落实。制度的制定要以宪法和法律，尤其是教育法律法规为依据，这样才能保证制度的科学性、合理性和合法性，进而促使师生员工学法、知法、守法、规范自身的行为。

学校的规章制度是学校开展各项工作的依据，也是广大师生员工进行自我规范的依据。它具有刚性和强制性，一经确定落实，就必须严格遵守、执行。因此，学校相关领导必须强化制度的执行力。这就要求，一方面在制度制定过程中，原则要求要明确，执行标准要具体，奖惩措施要配套，从而增强执行制度的针对性和可操作性；另一方面，要成立相应的监督管理机构，有针对性地对制度的执行情况进行监督检查，加强考核。通过不断考核和督促，做到制度检查到位、奖惩到位、执行到位。

（三）大学校园文化建设的队伍保障

对于大学校园文化建设，学校的全体师生员工，既是受益者，又是创造者和参与者。从这种意义上讲，学校的师生及管理服务人员等都是大学校园文化建设的主体，影响着校园文化建设的进程和效果。

教师在教学活动和研究工作中，与学生接触密切，与社会结合紧密，他们的所思所想、所作所为在给学生输送知识营养、为社会做贡献的同时，也以自己的个人魅力和价值导向潜移默化地影响着学生，影响着学校的声誉。因此，正派、高尚的教师形象，对引导校园文化建设朝着积极健康的方向发展具有重要作用。相反，虚浮、功利化的教师言行，对大学校园文化建设和学校声誉也会带来极大的负面影响。因此，学校应当不断加强师德师风建设，引导广大教师在开展教学和研究工作的同时，要自觉意识到自己作为大学校园文化建设的重要力量，不断提高思想道德水平，以自己渊博的学识、严谨的治学态度、高尚的品德去教育和影响学生。

管理人员致力广大师生员工学习、工作和生活的管理和服务，确保学校各项工作有序进行。在他们当中，从事宣传工作和学生工作的人员，是与大学校园文化建设关系最直接、最为密切的队伍。学校的宣传工作队伍一般以党委宣传部作为主体，包括校内各单位通讯员、学生记者等，他们承担着学校的对内对外宣传、舆论引导、文化建设等重要职责，主导着校报、校刊、广播、电视、橱窗等宣传阵地建设，是大学校园文化建设特别是精神文化建设的重要力量。学生工作队伍既包括从事学生工作的党政领导，又包括各学院的辅导员、班主任。从事学生工作的党政领导是大学校园文化建设的组织者和规划者，对大学校园文化建设的方向和力度具有重要影响；辅导员和班主任既是与学生接触最为密切的群体，又是大学校园文化建设的具体实施者，他们的工作效果决定着大学校园文化建设成效。因此，对于学校的宣传工作队伍和学生工作队伍，必须明确他们作为校园文化建设主体性力量的地位，通过人才引进、业务培训等措施，不断提高队伍的素质和能力；同时，为他们提供政策和资源支持，促使他们以饱满的热情、超前的思维、宽阔的视野积极投身校园文化建设。

学生是学校教育的对象，也是大学校园文化建设的主力军。对一所大学校园文化建设成效进行评价，不仅要看它对学生有多大的影响，还要看学生参与大学校园文化建设的情况如何。不同群体的学生参与校园文化建设的程度是明显不同的，对他们来说，学生干部和学生社团的影响和作用要更加显著。学生干部队伍是辅导员、班主任工作的有力助手，是沟通学校管理与学生学习、工作和生活的重要桥梁。一支优良的学生干部队伍对于校园文化建设工作的开展至关重要。因此，应当从学生干部的选拔任用、教育培养、考核评价、激励保障等方面着手，提高学生干部的思想素质和工作能力，借助学生干部带动全校学生更好地参与到大学校园文化建设中。高校学生社团是基于共同的兴趣爱好和愿望而形成的群众性团体，它既是大学生实现自我管理、自我教育和自我服务的重要平台，又是大学校园文化建设的重要载体。因此，学校应大力支持学生社团的建设和发展，为它们提供发展的空间，给予相应的物质和政策支持。同时，学校还要适度地加强对社团的管理，提升社团的层次和水平，引导社团健康发展，使学生社团更好地服务于大学校园文化建设的大局。

五、评估机制

大学校园文化作为一种在大学校园中生活的每个成员所共同拥有的校园价值观和这些价值观在物质与意识上具体化的文化形态，对它的评估与评价有着极为丰富的内涵。大学校园文化的评估与评价是伴随着大学校园文化的孕育、形成、发展而产生和发展的，它对校园文化乃至整个高等教育的进步起着推动作用。《教育部、共青团中央关于加强和改进高等学校校园文化建设的意见》指出："要建立和完善校园文化建设检查评估制度，把校园文化建设纳入高等学校教育教学评估体系，以评促建、以评促管。"

（一）校园文化评估的特点

1.信息的客观性和系统性

大学校园文化评估是一种信息反馈，它有目的地搜集各方面信息，并通过信息处理对被评估的大学校园文化做出价值判断。在评估过程中，评估人对信息反馈、信息处理后的价值理论意蕴进行判断，然后提出建议，这一过程分属于三种不同的认识范畴："反映"属于客体认识基础，"价值判断"属于主体性认识，"提出建议"则属于在主体性认识上的主体意志表现。其中，信息的系统搜集和客观反映是基础，因为只有系统地搜集才能够获得客观存在于校园价值观和校园文化活动中的信息，只有客观地反映才能够使主体性认识乃至主体意志的表现比较符合被评估对象的实际。所以，大学校园文化评估必须由超脱于被评估对象利害关系的评估人来完成，评估需要成立专家小组，以便尽可能排除、抵消个人的片面性。此外，为了有效、准确而简易地进行价值判断，所搜集的信息应该是可靠的，而不是不可信的；应该是有效的，而不是对评价无用的；应该是简单、扼要、能反映主要问题的，而不是琐碎、杂乱、不着边际的。

2.方法的科学性和可行性

校园文化评估既然是一种对校园文化活动客观而综合的价值分析和判断，它必须具有与校园文化评估目的相适应的科学方法。这些方法包括建立正规的评估制度、制定适宜的评估方案、建立有效的评估指标系统、具备明确的评价标准、采用科学的采集信息和对信息进行量化处理的手段等。只有采用科学的方法，才有可能得到科学的结论。另外，由于校园文化评估往往动用的人力较多，需要的物力和财力较大。因此，大学校园文化的评估在制度、方案、指标系统、方法上力求具有一定的操作性、可行性，能为多数人所接受。否则，校园文化评估将缺乏应有的生命力。

3.内容的综合性和广泛性

从层次结构看，大学校园文化评估包括校园制度文化评估、校园组织文化评估、校园物质文化评估、校园精神文化评估、校园科技文化评估、校园生活文化评估、校园艺术文化评估、校园心理文化评估等；从群体类型看，大学校园文化评估包括校园班级文化评估、校园宿舍文化评估、校园社团文化评估、校园群体文化评估、学生文化评估、教师文化评估、学校管理文化评估等。由此可见，大学校园文化的评估内容具有综合性和广泛性。

4.目的的决策性和行动性

任何评估都有其目的，表现为对设计方案的审查评比，其结果都是为了选择和制定最适宜的方案，以便开展今后的行动。大学校园文化评估也一样，它不是大学校园文化活动的终点，而是进一步繁荣大学校园文化过程中的检测站和加油站。就大学校园文化的现状加以评价，既是为了对它是否达到既定目的进行衡量，又是对它今后能否达到更加完善的境界进行诊断并提出建议，以便为大学校园文化的管理行为和决策行为提供最优化的服务。

5.过程的程序性和常规性

人们应该把大学校园文化评估视为整个高等教育事业发展中不可缺少的组成部分、推动高等教育事业前进的驱动力之一。大学校园文化必须经过鉴定和常规的周期评价，才会蓬勃发展和不断繁荣。因此，大学校园文化评估是一个常规性、周期性、系统性兼具的连续过程，有其自身固有的活动程序。

（二）大学校园文化评估的方法

不同于西方国家，我国高等学校教育评估是由国家行政机构领导、组织和监督的。为了领导、开展和组织实施大学校园文化评估工作，在各级高等学校教育评估领导小组的领导下，可以设立大学校园文化评估委员会，以领导、组织实施各种类型的大学校园文化评估工作。同时，评估领导小组下，还要设立评估办公室等办事机构，处理教育评估的日常工作。

1.合理确定考评标准

高校作为为国家培育和输送人才的地方，人才培养的质量是大学校园文化建设的综合反映。因此，大学校园文化建设考评应当本着以人为本的宗旨，围绕人的全面发展来展开。

大学校园文化建设涵盖范围广、评价范围宽、具体标准多，但从根本上讲，要看它是否能够促进学生的全面发展。"坚持社会主义先进文化的发展方向，遵循文化发展规律，借鉴吸收人类文明有益成果，以实施科学文化素质教育为基础，以建设优良的校风、教风、学风为核心，以优化大学校园文化环境为重点，以树立正确的世界观、人生观、价值观为导向，弘扬主旋律，突出高品位，加强管理，注重积累，努力建设体现社会主义特点、时代特征和学校特色的大学校园文化。"这是《教育部、共青团中央关于加强和改进高等学校校园文化建设的意见》对大学校园文化建设提出的总体要求，也是大学校园文化建设考评的出发点和立足点。

在具体的考评中，应当针对大学校园文化建设具体内容设立相应地涵盖各方面的指标。一般而言，主要从精神文化、制度文化、行为文化和物质文化等方面着手，并为每方面内容设立相应的二级指标，进而细化每项指标内的具体内容（表2-1）。通过对每项具体指标的考评，全面反映大学校园文化建设的成效。

表2-1 大学校园文化评估指标

一级指标	二级指标	细化指标
精神文化	办学理念	理念先进，具有共有的价值追求
	学校认同度	校歌、校训、校徽体现学校特色，被师生员工认同；校史为师生员工所熟知；学校使命、价值观和发展愿景被师生员工认同
	师生员工精神面貌	师生员工的个人修养、道德素质高；师生员工求真务实，昂扬向上；人际关系和谐，风清气正
制度文化	依法治校，校务公开	坚持法规治校，重大事项、重大决策公开透明
	各项规章制度是否健全	教学科研制度、学生管理制度、人事制度、财务制度等
	规章制度执行情况	各项规章制度是否得到贯彻落实
行为文化	教师行为	教师遵守学校教学工作规范，潜心科学研究，学术态度端正，积极参与教学创新、学术研讨等活动
	管理行为	工作高效，团结和谐，服务育人
	学生行为	遵守学习秩序，积极参与文体活动、科技竞赛、志愿服务等大学校园文化活动
物质文化	学习工作环境	教室科研设施、办公条件、图书阅览场所、实验设施、校园网及多媒体等齐备及优越
	校园环境	校园规划、布局合理，校园形象识别系统完善，人文景观布置合理，文体设施齐备
	阵地环境	学校网站、广播站、校报（刊）、电视台、文化墙、宣传橱窗、电子屏幕等健全

2.综合运用考评方法

大学校园文化建设内容复杂多样，因此应当综合运用多种考评方法，确保考评过程和考评结果科学合理，能客观反映大学校园文化建设的成效。这其中，既有定量的考核，又有定性的考核；既有他评，又有自评；既有自上而下的考核，又有自下而上或平行式的考核。

　　大学校园文化建设的成果，有些是可量化的、显性的，有些是不可量化的、隐性的。因此，大学校园文化建设的考评必须要将定量考核与定性考核有机地结合起来。定量考核主要是对那些可以用实物、数据等表现出来的成绩进行考核，如学校的建筑面积、景点数量规模、教师和学生数量、师生比、学术成果级别及数量、实验实践基地、社团数量、学生活动获得奖项的等级和数量等。定量考核需要将考评目标分解成若干可测定的指标要素，通过测定其数值，然后经过数学方法处理，进而得出定量分析的结果。定性考核主要考核那些无法用实物和数据的形式表现出来的成绩，如教职工的育人意识、学术意识、服务意识、管理意识，学生的思想动态、理想信念、学习动机等。定性考核主要是考评者根据自身的经验和认识对考评对象做出评价，因此考评者的主观意识、能力水平和看问题的角度对考评结果具有非常大的影响。可见，定性考核操作相对简单，但具有主观性、片面性、不准确性等缺点，而且定性考核必然要以一定的定量考核作为支撑，否则其精确性、可靠性、可信度将大打折扣。因此，定量考核和定性考核必须有机结合，进行综合分析，才能弥补彼此的不足，从而保证考评的科学性和可操作性。

　　同时，在考评过程中，高校还应当将他评与自评、自上而下的评价与自下而上或平行式的评价结合起来。传统的对大学校园文化的考评，主要注重他评，注重自上而下的评价，这种外在的、压力式的评价对大学校园文化建设固然具有重要的督促和推动作用，但也会存在考评对象敷衍应付考评的情况。因此，表面上的考评成绩并不能如实地反映实际的建设效果。长此以往，甚至可能存在问题被掩盖、外强中干的隐患。所以，大学校园文化建设的考评还应充分重视考评对象的自我评价，重视从普通员工和学生角度进行的自下而上的评价，重视平行单位之间的相互评价。考评对象的自我评价能够促进其自我挖掘、自我反省、自我总结。当然，自评也要在事实的基础上，保证评价的客观、中肯，防止自吹自捧、虚浮夸大。引入普通师生员工自下而上的评价，通过他们的切身感受和反馈，既能在一定程度上反映大学校园文化建设的实际效果和真实情况，又能以此吸引他们自然而然地参与到大学校园文化建设的工作当中。推动平行单位进行互评，一方面可以对对方大学校园文化建设的效果起到监督作用，另一方面也可以对照自身，进行比较，吸收对方在建设中的成功经验和良好做法，为本单位以后的大学校园文化建设提供借鉴。可见，大学校园文化建设的考评是多方面的，需要多种考评方法综合使用，这样才能使考评客观、科学、准确，进而达到以评促建、以评促管的效果。

（三）社会评估对大学校园文化评估的作用

《普通高等学校教育评估暂行规定》指出："在学校自我评估的基础上，以组织党政有关部门和教育界、知识界以及用人部门进行的社会评估为重点，在政策上体现区别对待、奖优罚劣的原则，鼓励学术机构、社会团体参加教育评估"。①

社会评估是一种外部评估，通过社会评估，可使学校不断感受到时代的脉搏。社会文化的推动力通过社会评估传递给学校，作为一种激励和鞭策促进大学校园文化的发展和进步。在社会主义市场经济条件下，大学校园文化社会声誉的形成在很大程度上依赖各种形式的社会评估。

第四节　领导有方：大学校园文化建设的领导与管理

高等院校的师生员工是大学校园文化建设的主体和基础力量。学校的各级领导在大学校园文化建设中处于主导地位。而居于各级领导岗位上的领导者，既是大学校园文化建设的总体设计者，又是决策者、组织者、指挥者和协调者。没有各级领导者的参与、重视与支持，就不可能有大学校园文化活动的建设与发展。领导和领导者不是一个概念。所谓领导是指率领并引导被领导者朝一定方向前进的行为过程。政治、哲学、管理科学都从各自角度研究领导行为。

现代社会心理学研究中多采用广义的定义。一个领导者在实施行为过程中，一般包括职务活动、影响、权威和集体行动四个要素。①领导者的活动应是高效的行动，而不仅仅是声望、成就或才能的表现。②领导活动必须包含社会互动。因为领导影响的是过程，只能在互动中存在。③领导者是居于一个群体或组织的核心人物，由他发动或决定群体行为。④凡是领导者行为的中心影响必定与集体行为有关。这是因为领导者的言行不仅为其群体所支持与拥护，还成为群众所认同的对象，其结果必然会造成集体行为。

一、大学领导者的责任与作用

高等院校领导者在大学校园文化建设中承担着重要的责任，这种责任具体体现在以下作用的发挥上。

① 蔡亮，张策华.论新时代大学文化的创建途径 [J].江苏高教，2019(12)：138-141.

（一）领导者的示范作用

领导者在大学校园文化活动中的示范作用是非常重要的。所谓示范就是各级领导者在大学校园文化活动中不仅要积极参与，还要发挥带头作用。领导者的参与和带头，不但可以表现领导者的重视和支持，而且可以在师生中树立良好的形象。这种良好的形象，会像磁铁一样产生吸引力，形成最佳的领导效果。同时，领导者参与必然要和师生打成一片，这样就和师生感情脉脉相通，在师生心理上产生亲切感，这种亲切感必然会形成一种自发的凝聚力。另外，领导者在大学校园文化活动中能发挥带头作用，身先士卒，率先垂范，就会在下级和师生的心理上产生敬爱感，这种敬爱感本身就是一种无声的号召力。领导者的示范作用，既是领导者的责任，又是领导艺术的具体体现。

（二）领导者的控制作用

领导者对大学校园文化活动的有效控制，是校园活动健康发展的根本保证。控制实质上就是有效管理、工作导向、督促和检查。控制在校园管理上的意义，就是领导者对下级指示其工作的方向，检查其工作是否按照指定的方向去执行。如果出现偏差，随时予以纠正。为了实现目的与完成计划，控制具有测定或更正下级进行状态的作用。因此，控制由如下三个要素构成，①基准的设定。②目标推行的测定与报告。③改正措施。

控制的基准，即目的与计划。计划与控制是一个问题的两个方面，为了控制必须要有计划，为了计划也必须要有控制。不建立计划的管理者，也就无法实施控制的职能。计划愈完善，期间愈长，控制愈能发挥其效果。同时，控制又是以某种授权为前提的。上级领导者将管理任务授予部下；部下则依据制订的计划实行上级管理所授予的职务，并将业务进行状态及其结果向上级报告；上级领导者根据报告情况与既定的计划，予以比较、测定或检查得失。其中，"测定"担负着重要的任务，它是以计划与实际差异分析为中心的。而且，当显著的差异发生时，领导者必须分析其原因，必要时采取更正措施。更具体地说，控制并不是对每一个事项给予监督，通常是将部下所作的报告收集后，仅就实施报告与计划之间的差异进行分析。当发生重大的差异时，上级领导者要对这部分予以详细的分析，找出产生差异的原因。因此，控制与直接的监督有所差别。也就是说，控制是对某种事情的发生和为什么会发生等事项进行监督，为了防止将来重复发生而研究出适当有效的措施。即控制是尽量在实际情况与计划尚未发生脱节前，得到更正确的决策。

由此可见，大学校园文化活动的规划再好，目标再好，如果束之高阁而不去实施，那么这些规划和目标也没有用。提出规划目标就是为了实施，要实施就必须做到有效控制。首先，领导者要紧紧把握大学校园文化建设的方向，即提倡什么、反对什么，要态度鲜明，毫不含糊。其次，大学校园文化建设方案在实施中，一定会有许多因素的干扰，有许多事先预料不到的情况和问题出现。这就要求领导者必须行使控制职能，及时收集各种信息，不断地分析实施反馈信息，及时处理问题，纠正各种偏差，从而保证规划和目标的实现。最后，要保证大学校园文化建设按预定的方案实施，以期达到良好的预期效果。领导者必须在方案实施过程中加强督促和检查，及时解决问题，从而保证大学校园文化建设更富有实效性，发挥出更大的作用。

（三）领导者的决策作用

第一，决策是领导者的基本功能。大学校园文化活动的管理贯穿着一系列的决策。因此，决策科学化是保证大学校园文化各方面目标顺利发展的重要因素，也是检验现代化领导水平的根本标志。

决策自古有之，战略决策有诸葛亮作"隆中对"而三分天下，朱元璋采纳"高筑墙，广积粮，缓称王"的建议而创立明王朝；战术决策有孙膑为田忌赛马献策而胜齐威王等名传千古、脍炙人口的范例。这些决策都是凭借领导者个人的阅历、知识和智慧进行的，决策成功与否主要取决于领导者阅历是否丰富、知识是否渊博、智慧胆略是否过人。领导者有时也利用智囊人物协助，但仍只是依靠他们个人的阅历、知识和智慧而已。所以，历来的决策从本质上讲都是靠人的经验，叫作经验决策。

在市场经济条件下，社会活动发生了一系列的根本变革，突出表现为社会活动越来越复杂，越来越多变，影响越来越大。正因为社会活动越来越复杂，对它们进行决策时，就要从战略到战术、从宏观到微观、从全局到局部、从经济价值到社会效果等进行周密的方案论证工作。正因为社会活动越来越多变，任何一个国家、一个地区、一个事业要前进、要发展，就无时无刻不处于激烈的竞争之中。它使每一个领导者经常会碰到大量问题需要及时解决，而决策的正确与否往往关系着事业的兴衰存亡。正因为社会活动的影响越来越大，牵一发而动全身，一个措施往往会引起一连串反应。因此，一个决策的失误也许会引起全局性的严重后果。

总之，为了社会和人类的未来发展，领导者必须有"一失足成千古恨"的痛切感，积极主动地去研究和寻求合理的决策。以上三个特点，要求现代领导者必须实行科学决策。当然，在市场经济条件下，领导者凭个人的知识、经验、智慧和胆略，有时可能做出正确决策并取得成功，有时失误的可能性也很大。

第二，科学决策的作用。科学决策势在必行，它包含以下三个方面的内容：①严格实行科学的决策程序。②依靠专家运用科学的决策技术。③领导者用科学的思维方法决断。

领导者的科学决策关系大学校园文化建设发展的全局，所以领导者的主要责任是在相同文化建设方面做出科学的、符合实际的决策。在设计一个方案、规范一项活动和吸纳师生员工提出的建议时，都需要领导者根据实际与可能，及时做出决策，否则会贻误时机、耽误工作和挫伤师生员工的积极性。不论是总体规划，还是具体活动，领导者都应当提出决策性的意见。当然，领导者在决策前应当听取各方面的意见，发挥群体的智慧，按照正确的意见进行决策，这样才能保证决策的科学性和有效性，从而保证决策的有效实施。特别需要指出的是，高等院校的主要领导者在大学校园文化建设中要发挥领导者的决策作用，要亲自参与拟定大学校园文化建设的政策措施，抓好大学校园文化建设的总体规划，研究大学校园文化建设中存在的主要问题，使大学校园文化活动在科学、正确的领导下健康发展。

（四）领导者的激励作用

激励作为调动、激发人们积极性和创造性的手段，可以在大学校园文化建设中发挥重大的作用。

第一，激励的意义。激励的作用在于唤起有工作能力者的工作情绪，也就是唤起下级出自内心自愿地、努力地去从事工作的力量。大学校园文化建设中，没有师生员工的积极性和创造性，活动就不会有生气、有效果、有创新、有发展。

第二，激励的核心。在谈到激励时，是不能忽视下级的各种欲求的。领导者如果提供的激励与下级的欲求无关，那他的这种激励就是徒劳的。因此，对下级的欲求予以了解是一件重要的事。

有关人类欲求的全部理解，在社会科学家的见解中，依然不相一致。社会学家将欲求分为生理欲求（健康、安全等）与社会欲求（情绪、教育等），心理学家则认为，除上述两种欲求外，还有准欲求。人是有欲求的动物，对某一样事物不愿求其量多，而愿求不同种类事物的满足。

一般而言，人的欲求之排列顺序，是先有生理欲求，生理欲求得到满足后，再转向社会欲求。但是人是复杂的动物，并不是求得基本欲求满足后，才求得更为高层次的欲求，人类是在两者同时求得满足过程中选择其重点的。所以，一个有效的、健全的激励系统之开发是困难的。通常情况下，领导者以提供劳动机会、能鼓励生产力上升的工资与对违反规则者给予惩罚等手段来激励部下。同时，针对个人自尊心、创造力、社会地位、工作情绪等非正式的激励方法也是必须注意和运用的。

总而言之，为了激励下级，使他们高效地工作，领导者应有效地利用环境，通过信任激励、关怀激励、榜样激励、任务激励、奖惩激励、物质激励等手段，把蕴藏在下属领导和师生员工中的主动性、积极性和创造性充分发掘出来，使他们心情舒畅、努力进取、施展才能、大显身手。这样，必然会促进大学校园文化建设生气勃勃地向前发展，从而在培养合格人才和促进整个社会的文明与进步中发挥更大的作用。

（五）领导者的协调作用

领导者的协调，在大学校园文化建设中具有重大意义。大学校园文化建设不是学校中某个部门、某个人的事情，它涉及党政工团学、上下左右中方方面面。要形成党政工团学齐抓共管、上下左右中共同参与的新格局，就需要领导者发挥有效的协调作用。近代管理学家巴纳得认为，"一般单位内部或各部门内部，仅有极少数的个人目的与组织目的是一致的，多数的部下，不免有自私、利己心的存在。"作为一个优秀的领导者，在指挥下级时必须以激励个人的方法达成团体的目的（组织目的），调和个人与组织两者的矛盾。

由此可见，领导者协调的成效，不但直接影响各部门的关系和各种矛盾的发展状况，而且直接影响大学校园文化建设的发展和各项活动的成败。领导者有效地协调，一方面可以使各部门的具体职能和各种相关因素相互补充、相互配合、相互促进，避免工作中的对抗因素和重复现象，减少冲突和摩擦，从而减少人力、物力、财力和时间的浪费，提高效率，起到好的效果；另一方面，通过领导者的有效协调，可以形成人与人之间的相互理解、相互支持、和睦相处、施展才能和实现抱负的环境，做到团结统一，形成合力，从而促进校园文化建设的发展。

二、大学校园文化建设的管理艺术

最优良的高校环境，必须是多个文化层次高度和谐统一的环境。要达到校园文化的和谐统一，使校园文化健康有益，必须讲求校园文化建设的管理艺术。

（一）突出学术性，区分层次性

高校是人才密集的地方，校园主体的文化层次和专业水平较高，大学校园文化也就具备了与之相当的学术性。这就是为什么学校校舍设计、物质装备、师资培养、干部调配等都有特定要求的原因。当然，学校层次、类别不同，教育对象（其年龄、生理、心理、文化层次、专业水平）不同，培养目标不同，大学校园文化内容的层次也势必不同，要区别对待。

（二）坚持导向性，赋予愉悦性

坚持导向性，在静态和空间角度体现政治导向、价值导向和生活方式导向，在动态和时间角度体现传统导向、现实导向和未来导向，并且互相关联、互相协调、互相平衡，从而产生理想的整体导向效益，这既是我国大学校园文化的社会主义性质及其应有社会效益的必然要求，又是大学校园文化教育性的首要表现。社会主义大学是培养社会主义事业建设者和接班人的重要园地。各种形态的大学校园文化理当保证其教育的方向性、正确性、科学性，坚持党对学校的领导，确立马克思列宁主义、毛泽东思想、邓小平理论、"三个代表"重要思想、科学发展观、习近平新时代中国特色社会主义思想在大学校园文化中的指导地位，确保影响人、教育人的社会主义方向，引导师生员工朝着正确的思想政治方向前进。教育形式应是令人愉悦的，符合教育对象的生理、心理特点，使人不知不觉但又自觉自愿地接受教育和影响。环境文化、设施文化也应寓有思想性、针对性、参与性于可感性、服务性、愉悦性之中，把有意识的影响、教育渗透于无意识的文化之中，通过美好健康的环境和氛围，影响受教育者的心灵世界。

（三）允许多样性，注意统一性

大学校园文化具有个性化的特征。大学校园文化的形态、内容都应丰富多样，使不同的学术观点、教学风格"百花齐放，百家争鸣"。这样，大学校园文化才富有生机，师生员工的个性才有发展的环境，学校才能办出自己的特色，形成自己的优势。校园环境优美，物质装备先进，教学技术有创新，课程文化有特色，学术文化有传统，制度健全，管理得法，校风优良，科研成果甚丰，教学质量一流，等等。其中，任何一个方面或几个方面都有可能形成一个学校的特色。只有富有特色的学校，才是内有凝聚力、生命力，外有吸引力、竞争力，可以对社会做出特殊贡献的个性化学校。当然，个性要寓于共性之中，多样性也要寓于统一性之中。性格上、治学上的个性必须服从作为培养社会主义事业建设者和接班人的根本要求；风格上、建树上的多样性，要以建设中国特色社会主义的大学校园文化为前提。建设社会主义大学校园文化，必须有意识地培养以社会主义、集体主义及其价值观念为核心的团队精神。马克思说过："只有在集体中，个人才能得到全面发展其才能的手段。"

（四）保持开放性和多样选择性

文化在本质上就是开放的。大学校园文化的建设和发展，永远离不开开放，包括在校内开放、朝社会开放、向世界开放。当然，建设开放的现代化的社会主义大学校园文化，必须坚持选择性，尤其要注意以下两点。

1. 正确地吸收社会文化，保证大学校园文化的先进性质

校园文化应是社会文化中积极因素的精华，是以一定的社会要求和价值观念为指导，依据教育目的，对开放的社会文化分析、鉴别、认可、精心挑选、提炼浓缩、整理改造之后的积淀，其模式和体系是在校园主体自觉努力下形成的。因此，大学校园文化应当具有防御性。高校要提倡健康、文明、科学、丰富多彩的课外文化活动，包括师生员工喜闻乐见、文化层次较高、寓教育于审美的各种文娱、体育活动。同时，防止腐朽思想文化的渗透，坚决抵制资产阶级的价值观和生活方式对青年学生的侵蚀。

2. 正确吸收文化遗产，保证大学校园文化的社会性质

马克思主义认为，每个国家的文化发展，首先以本国人民和本民族发展的需要和传统为先决条件。所以，人们必须在大力繁荣和发展充分体现社会主义时代精神的新文化的同时，继承和发扬我国传统文化的优秀成果，既反对崇尚复古的"国粹主义""本土主义"，又反对全盘否定中国传统文化的民族虚无主义。中华民族是一个善于吸收和消化外来优秀文化的民族。当前，人们既要反对关门主义，又要反对崇洋媚外、"全盘西化"，要立足本国，认真借鉴并充分吸收世界文化优秀成果。中国是举世公认的文明古国，理当保持、传承和弘扬中华民族优秀的传统文化。

（五）发挥先导性，基于从属性

学校传播媒介先进，知识分子集中，而且文化层次较高，他们对各种社会思潮比较敏感，对科学技术和社会进步具有趋善求美的理性和自觉性，理想主义色彩较浓。所以，大学校园文化往往是时代发展的晴雨表，有着一定的先导性，能够迅速地汇集并传播各种社会思潮，及时地反映或预示学术前沿动态和科技发展水平，自觉地根据社会发展大趋势，培养能够设计与创造未来的"四有"新人，从而对社会主义的政治、经济产生重要的影响和作用。这是学校特有的优势，也是大学校园文化先进性、超前性的一种表现。不过，大学校园文化的这种先进性、超前性是相对的、有条件的。因为，校园文化从属于、渗透于社会文化，其中物质形态的大学校园文化主要是工农创造的，意识形态的大学校园文化则是社会主义初级阶段政治、经济的反映。建设大学校园文化必须

十分明确大学校园文化的从属性，自觉地坚持大学校园文化正确的政治方向，这既是学校社会主义性质的要求，又是大学校园文化先进性、超前性得以发挥的基础。只有这样，人们才能正确利用学校固有的优势充分发挥大学校园文化的先进性、超前性。

（六）克服自发性，强化管理性

与学术性、多样性、开放性、先导性等相联系，大学校园文化有时表现出一定的自发性。自发的东西，有的伴随着创造，孕育着先进，但不经由群体扶持，就有易逝性，可能自生自灭；有的连带着破坏，酝酿着倒退，若不经由群体匡正，就会传染开来，可能危害大学校园文化本身；有的属于文化范畴，有的属于管理范畴，清醒地意识到大学校园文化的自发性有利于提高大学校园文化的规范性，强化对大学校园文化的管理。对于自发的东西，要及时扶持其积极面，匡正其消极面。高校要切实加强对各种课外文化活动的组织、指导，不断强化精神文化、制度文化、交际文化导向性的氛围，正确发挥它们的渗透、制约、凝聚等作用。

三、大学校园文化建设骨干的培养

大学校园文化建设必须有一批骨干、带头人，通过他们的示范、引导和榜样作用，推动整个大学校园文化的健康发展。

（一）充分发挥教师在大学校园文化建设中的主导作用

在大学校园文化系统里，主要分为学生文化群和教师文化群，其中学生文化群是大学校园文化的主体。现阶段的大学校园文化活动，主要是以各类学生社团为主的"第二课堂"活动，如同在教学过程中要充分发挥教师和学生的两个积极性一样，大学校园文化建设必须坚持学生的主体作用和教师的主导作用相结合。

教师是大学校园文化的主导力量，发挥教师在大学校园文化建设中的主导作用可以从以下方面着手：一是指教师要充分运用物质文化、精神文化、制度文化的育人功能，培养学生积极进取、严谨求实、团结向上、改革创新的精神，鼓励学生早日成才。二是要求教师尽可能地参加学生组织的各种大学校园文化活动，特别是课外活动、专题讨论等，并对他们进行业务指导。这样既有利于解决学生理论联系实际的问题，又有利于克服他们盲目接受西方文化思潮等消化不良症，同时有利于教师结合大学校园文化活动对学生进行思想政治教育。三是要搞好教师文化建设，丰富教师的文化生活。教师应通过自身的文化建设，全面提高文化素质，潜移默化地影响每一个学生，同时引导和规范学生的文化生活，把握大学校园文化的社会价值导向。

（二）形成积极向上的群体心理氛围

一般来说，在大学校园文化活动中的组织者、发起者是大学生群体中的"骨干和中坚力量"。他们多具文化特长，知识面较宽，能力较强，在学生中有一定的影响力和号召力，同时他们也特别注重自我表现和自身价值的实现。高校应根据他们的这些特点，有的放矢地做好挖掘工作，对他们进行思想引导。既要求他们在发展大学校园文化中起带头作用，又要求他们在开展大学校园文化活动中，防止庸俗无聊的消遣，克服消极情绪和悲观心理，正确对待中西文化，坚决抵制错误的东西，引导他们把浅层次的文化活动提高到深层次的精神境界上来。经验表明，做好大学校园文化骨干的培养、培训工作，能起到典型导向的作用，而运用典型导向来规范大学校园文化活动的内容、形式和行为，往往能起到事半功倍的效果。

1.群体内社会心理气氛

群体社会心理气氛是指促进或阻碍群体的共同活动和群体内个人全面发展的心理条件的总的表现形式。大学生社团中良好的社会心理气氛主要表现为社团内部成员之间的相互信任和严格要求；社团成员在讨论与整个群体有关的问题时畅所欲言；社团领导人承认和尊重社团成员的民主权利；社团成员充分了解他们所面临的任务，并了解他们完成任务的状况；社团成员对群体的隶属关系感到满意；社团对其中某个成员的困难和挫折有着强烈的同情和互助精神；社团的成员对关系社团的事务都怀有责任感等。社会心理气氛取决于社团的发展水平。发展水平较高的社团才具有充分良好的社会心理气氛，而良好的社会心理气氛又有利于提高社团内大学生共同活动的效率。社会心理气氛的状况取决于社团领导者的领导水平和作风。社团的优化管理要求领导者具备相当的文化水平和专业知识，要善于依靠社团中富有积极性、自觉性和首创精神的成员，并促进社团成员养成相互理解、协调活动的习惯，从而促进大学生心理素质、业务素质和人才素质的全面提高，促进大学校园文化建设健康、全面、积极向上的发展。

2.群体内社会心理感染

人类科学的研究成果还进一步揭示了社团内成员相互影响的机制问题，即所谓的"社会心理感染"。①所谓社会心理感染是指青年大学生在直接交往过程中，通过言语、表情、动作及其他方式引起的情绪状态的相互影响过程。

　　社会心理感染是普遍存在的一种影响方式，其特征主要有以下几点：①它是在无压力的条件下产生的。②它是无意识地和不自觉地受到影响。社会心理感染与自我暗示有区别，自我暗示是有意识地向自己发出刺激，以调节自己的认识、情感、意向和行为，而感染则是在不知不觉中发生了情绪的变化。③被感染者产生与刺激者相同的情绪以后，可出现相同的行为。感染极易发生在人群密集的场合之中，且传播速度是十分惊人的，通常以循环式或链锁式的形式进行。前者是指一个人的情绪反应激发了他人的情绪反应，使他人激动起来，而他人的反应反过来又促使自己的情绪反应更加强烈。后者是指一个人的情绪感染了甲，甲的情绪又感染了乙，乙再感染丙……在人群密集的场合下，情绪感染相互刺激、相互影响、相互加强，以至整个人群的情绪达到理想的状态。

① 裴秋芬.校园文化建设的三重价值维度研究[J].学校党建与思想教育，2019(4)：79-81.

第三章　求同存异——新时代大学校园文化建设的挑战与机遇

第一节　多元影响：文化与网络带给大学校园文化建设的挑战

一、多元文化发展对大学校园文化建设的冲击

当今世界正在发生深刻的变化，我国的现代化建设正在迅速向前发展。随着改革的进一步深化，中国社会进入全面转型期，一些新的社会冲突和矛盾不断出现。同时，随着开放力度的加大，国外先进科学技术、管理科学的引入，一些腐朽、固化的思想文化悄然进入我国，各种社会文化思潮也不断涌入校园。尤其是现代社会文化传播的开放性和快捷性，对大学校园文化阵地的安全性、稳定性、方向性带来了极大的冲击和挑战。

随着经济全球化与社会主义市场经济的不断推进，高校和社会融合得越来越紧密，很多方面也将逐步和世界接轨，如今的高校都是没有"围墙"的大学。而作为大学校园文化主体的大学生，他们对文化的需求非常强烈，观念也呈现出多元性的特点。在新的发展形势下，大学校园文化面临市场经济的影响、多个校区的分离、网络文化兴起的挑战。

近几年，我国高等教育事业改革步伐不断加快，高校的合并和扩招成为全社会关注的一个热点，随之而来的是大学校区相对封闭的格局被打破，许多高校拥有两个甚至三个以上的校区。大学校园文化是在长期的实践中积淀、凝聚、发展而成的，具有一定的历史继承性。它对学校发展的影响是全方位的，但又是隐性的。它总是以一种潜在的、自然的方式影响人的思想和行为。文化的认同会给人一种精神寄托和情感归属，是形成统一的办学思想和办学目标的

前提。由于合并之前各成员学校都有自己的办学历史和独特的历史传统，对任何学校而言，要放弃长期形成的大学校园文化都是困难的。因此，很难在短时间内由一种文化取代其他文化。这就决定了高校在合并后必然会出现多种文化之间的矛盾与冲突。在这种格局下，大学校园文化将面临传承老文化、整合跨文化和构建新文化的挑战。

只有开放的大学校园文化阵地才可能永远走在时代的前列，才可能具有长久的生命力，得以延续和发展。但文化的多样性必然带来良莠不齐的现实，腐朽文化和殖民文化也对大学校园文化阵地趋之若鹜，不仅会对校园主流文化产生冲击，还会腐蚀师生的思想和灵魂，并对大学校园文化阵地建设的科学性和规范性提出了挑战。

二、网络对大学校园文化建设产生的影响

传统的校园内文化来源主要是教材、图书资料和报纸杂志及长期以来的思维方式、行为习惯。文化传播在这些文化阵地上具有一定的滞后性，学校可以根据其是否符合社会主义办学目的和方向，然后再有选择性地对师生开放。因此，高校对校园文化的社会主义方向是能及时加以控制和把握的。然而，互联网在校园内的广泛使用，使文化的传播方式不再是单方向的灌输传播，而是多元的传播方式。来自不同国家、不同价值观念的声音都在这里汇集、冲撞，每时每刻都以光速传播着各类文化。在这一多元的文化阵地中，作为大学校园文化主导力量的学校很难在网络技术上、文化规范方面加以及时控制，这就对校园网络中文化传播的社会主义方向的把握提出了挑战。

网络文学的兴起对大学校园文化的挑战。随着大众审美文化的崛起、兴盛，高雅文化遭遇到前所未有的挑战。不少青年学生对社会上的流行文化如数家珍，却对经典的、高雅的文化知之甚少。从校园文学写作来看，20多岁大学生的文学创作在很大意义上取决于一种青春激情，有强烈的求知欲，有跃跃欲试表现自我的勇气，但由于人生阅历浅、社会经验缺乏，对世界和生活难以有独到的把握和体会。校园文学作品多以"爱情"和"乡愁"为主题，写得婉约、柔美、虔诚，这与他们远离家乡和亲人有关，但不少作品明显受流行艺术特别是港台流行歌曲、言情小说的影响。如今，网络写作又逐渐成为校园文学的一种时尚，不少学生在网络这个虚拟空间抒发自己的情感，但由于网络写作具有随意性和娱乐性，因此作品大多具有文字游戏意味，很难突显深度思考。大学校园文化将面临庸俗低下、颓废的文化侵入校园的挑战。

在信息化浪潮的推动下，上网已经成为大学生的生活方式和校园时尚。网络文化信息的开放性、资源的共享性、环境的无序性使传统的文化受到严重的威胁和挑战，主要表现在以下两个方面：一是网络文化影响了大学校园文化主体的生活方式。网络在为校园文化主体提供新型的学习方式的同时，也有一部分学生沉湎于网络世界，荒废了专业学习。甚至还有的学生对参加其他集体活动不感兴趣，这冲淡了大学校园文化的主题教育意义。二是传统的大学校园文化内容受到网络文化强烈的冲击，网络媒体的出现令这种稳定格局发生改变。由于网络信息基本无法得到有效过滤，各种社会思潮、不同政治见解往往在网上激烈交锋，一些消极信息和不良语言也会在网上畅通无阻，造成了严重的信息污染。然而，人们对网络文化对大学校园文化建设带来的强烈冲击研究不够，有效解决的办法还不够。

第二节　文化革新：新时代对大学校园文化生存的挑战

一、对大学校园文化中人文精神培养的挑战

目前，大学校园文化建设的主体既包括教师又包括学生。教师和学生既是大学校园文化的承载者，又是大学校园文化的建设者，更是大学校园文化创新精神的体现者。大学校园文化阵地建设在当前时代需要的就是敢于创新、心理素质好、具有良好的文化底蕴的主体。而在紧张的学习、生活和工作中，师生受功利化、利益短视化的倾向影响，只注重一般科学知识的学习和掌握（即"快餐式"文化），而忽视师生个人的文化底蕴、心理素质的提高。有些师生本身的素质水平面对多元文化缺乏正确判断和取舍的能力，面对不良环境的渲染缺乏调控能力，面对挫折缺乏承受能力。因此，新时代的大学校园文化阵地建设对主体本身的素质水平提出了挑战。

大学校园物质文化是大学校园文化的外在标志，其核心内涵是大学校园文化中的精神文化因素。建设校园物质文化不是目的，而是手段。但是，有的学校把大学校园文化建设和意义等同于丰富学生的业余生活，一味强调发展娱乐文化；评价大学校园文化建设的成就时，对单纯的物质文化建设津津乐道。需要注意的是，离开了校园精神文化建设，单纯的物质文化建设就失去了文化建设的意义。精神文化建设隐含在物质文化建设中，它是大学校园文化建设中

实质性、根本性的组成部分，是大学校园文化存在的价值意义。忽视精神文化建设，大学校园文化建设就只能流于形式。目前，有些学校把大学校园文化建设附属于学生管理部门，着重强调控制功能、导向功能、凝聚动能，以及改善生活、学习条件的物质功能，只把大学校园文化建设看作教育教学活动的管理方法和管理手段。有的学校没有把大学校园文化建设放在整体办学方向和培养目标的大背景下来操作，甚至把大学校园文化建设等同于对学生的思想政治教育，从而使大学校园文化建设局限在学生管理和思想政治教育的层面上；有的学校把大学校园文化建设与学校的专业设置、师资配备、课程开设等割裂开来，极大地限制了大学校园文化功能的发挥。

大学校园文化阵地只是一个工具，其建设的目的是为社会主义建设服务。其本身是达到目的的重要手段，具有功能性作用。大学校园文化阵地科技含量的提高，强化了以阵地建设的物质形态功能，在一定程度上忽视了大学校园文化阵地本身的人文精神内涵，使阵地建设的意识形态功能被弱化，最终导致青少年崇拜科学技术的实用性，却很少着重去培养自身的人文素养。而人文素养的缺失，使部分青少年以物质享受为主要的人生目的，缺乏对社会的责任感、对国家民族的使命感，不可能树立远大的理想信念。因此，如何弱化以阵地建设为终极目的的意识，强化阵地建设的功能意识受到挑战。

二、对大学校园现存文化价值的挑战

在社会转型时期，面临全球化和现代化的双重挑战，大学校园文化受到各类意识形态和文化观念的冲击，形成激烈的价值冲突，这对大学校园文化建设提出了新的挑战。传统文化中"礼治"和"理学"的观念封闭了学生自我承认的道路，与现代大学校园文化中强调个体独立的民主精神大相径庭。同时，西方文化对本土文化所建构的精神世界进行了激烈的否定，有些大学生开始丧失支撑生命活动的价值资源，陷入了解读东西文化的价值冲突之中。以娱乐、消遣为主要特征的通俗文化，抑制了校园内高雅文化深邃的价值；传递以崇尚科学为中心精神的大学校园文化，与以关注人的主观精神世界和价值追求为核心的人文精神激烈碰撞，这一系列价值冲突都使当前的大学校园文化建设陷入困境。

大学校园文化建设一经开展，便在全国掀起了一阵热潮，但从实施情况来看，很少形成自己的特色，效果不容乐观。学校形象的塑造是一项创造性的活动，它要求学校管理者根据学校的内部条件和外部环境给学校的形象准确定位，借助各种物质和精神的载体，创造出具有鲜明个性特征的独特形象，以其独特的魅力吸引受教育者和社会的关注。具体来说，学校可以在建筑布局、绿化、宣传、校服、校徽等方面体现自己的与众不同，使之构成一种特定的文化氛围，彰显学校的个性特点。

社会主义市场经济体制的确立和逐渐完善，对我国社会经济发展产生重大而深远的影响，也给人们的思想观念和价值取向带来复杂的变化。例如，有些大学生产生了功利主义、实用主义思想，一些学生把主要精力放在学生创业园的店铺里，还有一些学生将比较多的资金投到股市，这些学生每天想得比较多的就是如何盈利，每天关注的是股市开盘时间、今天的大盘情况。当然，学校不反对学生在课外通过不同的实践机会来锻炼自己的能力。但是在功利主义、实用主义思想的冲击下，这些学生在上课的时候不认真听讲，将学生的主要任务——学习丢在脑后，只是计较现在眼前的一些蝇头小利，却不知道自己损失了更多。在这种情况下，大学校园文化不可避免地烙上市场经济的印记，将面临顺应新潮流、抢占制高点和弘扬主旋律的挑战。

三、新时代大学校园文化建设的对策

作为一种潜在的隐性课程为主的大学校园文化，在对学生的思想品德教育和良好的行为习惯的养成教育中，具有情境性、渗透性、持久性和愉悦性等特点。大学校园文化以它形象直观的表达形式，把思想教育寓于各种具体可感的情境之中。大学校园文化的教育功能正是通过学校健康向上的精神因素及优美的物质环境所施加给学生的积极影响和感染、熏陶而实现的。

（一）进一步培养优良的校风和学风

大学校园文化的核心是群体主导价值观，它主要体现在学校的校风、学风之中。校风和学风是一种具有很强感染力的潜在的教育力量，不仅能影响到整个学校生活，还能反映学校的校园文化建设水平。

1.推动"以人为本"的核心价值观

以人的发展为本，是素质教育的教育哲学和教育理想。全面实施素质教育要求建设一种以人的发展为本的学校文化，是围绕着"人的发展"和"发展的人"的学校文化，是突出"人"字的学校文化。

是"以人为本"的，而不是"以物为本"的，人是第一位的，物是第二位的，物是为人服务的。学校的硬件建设很重要，但无论如何重要，都是条件性的、附属性的、服务性的，都是从属于教育教学活动中的主体——师生，都是为师生的发展服务的；教学仪器和设备可能价值昂贵，但无论如何贵重，都是为师生的发展服务的，都是为教育教学活动服务的。当然，人们需要爱护和珍惜它们，它们只有在教育教学活动中使用、消耗、充分发挥效率，才能体现出价值。

是"人性化"的，而不是"非人性"和"反人性"的，人性的基本需要能够得到较好满足，人的良好需求能够得到尊重，人的美好愿望能够得到理解和赞扬。在当前背景下，尤其需要满足的是学生休息的需要、游戏的需要、隐私的需要和尊重的需要。休息和游戏是学生的权利也是学生发展的正常需要，现在的学生是既缺少休息和游戏的时间，又缺少休息和游戏的自由和创意。与此相应，现在的多数学生不缺少爱、不缺少呵护、不缺少钱财，缺少的是尊重、独立还有保护自己隐私的权利。

是"人文性"的，而不仅仅是"知识性"的，是能够提升人的修养、品性和境界的，而不是迁就人的原始性、粗俗性和劣根性的。正如张汝伦教授所指出的："通过教育传授继承下来的东西，有看得见的知识和技能，也有看不见的智慧、品位和修养，还有作为个人与国家立身、立国、立于世界和天地间的根本道理、终极价值与生命意义的追问与认同。"关于学校文化有一个好的隐喻，即学校是师生的精神家园，在这个精神家园中要能够体验到心理和精神舒适、愉悦与满足，而不是紧张和压抑；要能够体验富氧，而不是缺氧的精神呼吸；要能够品味高雅，而不是粗俗的精神食粮；要能够感受成长和发展的快乐和幸福，而不是体验成熟的焦虑和恐惧。

2.进一步充分发挥校风感染作用

良好的校风是高校精神面貌的具体体现，也是高校综合实力和凝聚力的重要组成部分。在充分挖掘学校办学历史传统宝贵资源的基础上，结合学校发展战略和规划，根据学校办学思想和理念，大力营造崇尚科学、严谨求实、善于创造、具有时代特征和学校特色的良好校园风气。扎实开展师德教育，积极建设优良教风；严格管理，营造良好的学习氛围，努力形成勤于学习、奋发向上、诚实守信、敢于创新的良好学风；认真研究办学经验，对校风、教风、学风做出科学的文字表述和诠释。

爱国成才教育的关键在于以爱国与成才为基本思想的理念在大学校园文化建设中如何体现，如何有效地提高大学校园文化的教育功能，揭示以爱国和成才为基本思想的理念在当前教育教学工作中的价值；反思以爱国与成才为基本思想的大学校园文化建设在学校建设中应有的地位，并探讨它的自身建设规律。

（1）要明确大学校园文化建设对于推进课题开展的重要性和必要性

大学校园文化是指高校这个特殊场所具有的特定的精神环境和文化氛围，是由教育者和被教育者双主体以校园为空间背景，围绕教学活动和校园生活而创制并共享的，以文化冲突与统一为表征的亚文化系统。它体现在显性课程和潜在课程（亦称隐性课程）两方面，显性课程指学校规定学生必须掌握的知识、技能、思想观点、行为规范等；潜在课程包括校园建筑、文化设施和环境布置等有形环境和校风、教风、学风、人际关系、文化生活、集体舆论、心理气氛，以及校园群体观点、信念等无形环境。后面的这些校园精神和校园价值观等观念形态是大学校园文化的深层结构和核心内容，对于整个校园的生存和发展都具有指导意义，是校园建设的无形资产，与学校的办学质量连接在一起，是学校重要的可持续发展要素之一。人们应当重视大学校园文化的建设，并努力使其育人作用得以充分发挥。

社会主义思想道德建设是大学校园文化建设的核心内容。学校必须从国情、乡情、校情出发，全面贯彻落实教育方针，坚持以为人民服务为核心，以集体主义为原则，以爱祖国、爱人民、爱劳动、爱科学、爱社会主义为基本要求，通过社会实践活动、艺术活动、团课党课活动等有效途径，教育广大青少年树立建设中国特色社会主义的共同理想和正确的人生观、世界观、价值观，树立坚定的共产主义信念。学校应开展形式多样、丰富多彩的文化活动，结合重大节日，如庆祝国庆节的热爱祖国歌咏比赛、"七一"建党日开展爱国爱党系列活动、喜迎党的十九大活动、庆祝申办奥运成功活动等来增强爱国精神；结合各具特色的体育节、艺术节、科技文化节、学习节的活动让全体师生充分展现自己的精神风貌和思想实质，在活动中发挥教师为人师表作用，把思想道德建设渗透到学校教育的各个环节。

（2）正确处理好传授知识和培养能力的关系

能力是与活动的要求相符合并影响活动效果的个性心理特征与多项功能的综合，它主要是在个体中固定下来的概括的心理活动系统。而知识是人类在生产实践、处理社会关系的实践和科技实践，以及其他实践中积累起来的经验总结和概括，包括对事物的根本属性和本质联系的认识。能力和知识是互相联系并在一定条件下可以相互转化的。知识是构成能力的重要组成部分，也是形成能力的基础；能力是在掌握知识的过程中逐步形成和发展的，而且知识在一定条件下可以转化为能力。能力又是进一步掌握知识的前提，它制约着掌握知识的快慢、深浅和巩固程度。在知识的掌握和能力的发展这对矛盾中，矛盾的主要方面是能力的发展，高校应在强调学生学习知识的同时，把重点放在学生能力的提高上。

3.发挥大学校园文化的德育功能应当把握的原则

首先，教育性原则。道德建设的水平，体现着一个国家民众的精神状态，影响着一个民族事业的兴亡盛衰。道德兴，国家兴；道德兴，民族兴——这是现实得出的结论。学校是教育人、培养人的场所，大学校园文化作为学校教育的一部分，首先必须突出教育性特点，时时处处把握教育性原则，只有这样，才能充分发挥大学校园文化潜在的导向功能。通过各种有效形式对学生进行爱国主义、集体主义、社会主义和中华民族精神教育，探究激发学生学习成才的规律，在形成正确的爱国成才观的基础上提高学习成绩，不断提高学生的综合素质。

其次，科学性原则。大学校园文化建设是学校的一项整体工程，不但涉及面广，而且要调动方方面面的力量，学校应精心统筹、科学规划、合理安排，避免出现各行其是、相互掣肘的局面。例如，学生课余文化生活，一要建立组织系统，从领导机构到专、兼职辅导老师，再到学生必须环环相扣；二要根据学生的年龄、知识结构、心理特点，合理安排活动的内容，基本上形成序列，以满足不同班级、不同专业、不同兴趣爱好学生发展的需要。

最后，艺术性原则。在大学校园文化建设中，要有艺术眼光，要让学生通过学校的设施、氛围等，处处受到艺术的感染，得到美的享受。校园环境的绿化、美化，应努力做到四季各有特点，阳春葱茏滴翠，盛夏浓荫覆地，凉秋红枫似火，寒冬松柏常青；校园建筑的设计、景点的安排，努力做到外形、色彩和谐统一，给人以赏心悦目的感觉；学校文化活动的安排，也要融教育性、科学性和艺术性于一体，努力使活动开展得新颖、活泼有趣，使大学校园文化对青少年学生产生强烈的感染力和吸引力，促使他们主动、热情、积极地参与其中，从而使他们的思想情操自然而然地得到陶冶，心灵在无形之中得到净化。

（二）以高雅文化占领大学校园文化主阵地

在加强大学校园文化建设时，用中国和世界的优秀文学作品武装和陶冶广大学子，以高雅文化占领大学校园文化主阵地，使校园文学呈现昂扬向上的基调。高雅文化是精神层面的文化，具有很强的人文品格和精神属性，时时关注着人类的发展，思考着人类的命运，往往充满着先进知识分子强烈的忧患意识、载道意识，指向终极关怀，敢于直面人生、直面社会，关心现实的重大问题，意蕴丰富而深刻。其可以通过寓教于乐，使师生在学习、鉴赏时认识社会的现状，感悟人生的价值和责任，懂得如何做人的道理和方法。高雅文化由于在内容上关注社会的深层次问题，在形式上繁复新颖，历来是精英审美文化，缺乏一定文化素养的人是很难接受的，是要靠受过教育特别是高等教育的人来继承、发扬和传播的。如果学校特别是高校不去引导师生喜爱和学习高雅文化，这些宝贵的文化就会没有知音，最终就会失传，而社会的审美文化也会因此得不到提高、繁荣和发展。

1. 修炼大学生礼仪文化

礼仪作为在人类历史发展中逐渐形成并积淀下来的一种文化，始终以某种精神支配着每个人的行为，是适应时代发展、促进个人进步和成功的重要途径。《论语》中的"不学礼，无以立"已成为人们的共识。

礼仪修养体现了一个人的基本素质，同时也是一门综合性的学科，与伦理学、心理学、公共关系学等学科，以及道德、宗教、习俗、民族等关系均十分密切。因此，高校绝决不能将礼仪教育与个人修养割裂开来，就礼仪谈礼仪，而应该全面对大学生（特别是理工科大学生）开展人文素质教育，改变大学生"有知识无文化""知书不达理"的现状，真正实现"腹有诗书气自华"。同时，有条件的高校应考虑设置专门的礼仪课程，利用课堂普及礼仪知识、加强礼仪训练。[①]

健康的、高雅的交际方式和能力是现代大学生必备的素质之一。高校应优化学校人际环境，建立良好和谐的师生关系。同时，发挥班级环境的熏陶教育，如发挥学生的主体作用，师生共同营造良好的人际环境（包括班风、学风、集体舆论、文化氛围等），老师和学生无论是在课堂或课后都倡导赞赏鼓励等。

高等学校肩负着育才兴国的重要责任和使命，是大学生成长成才的重要环境。教师作为知识的传授者、文明的倡导者，在礼仪教育方面理应率先垂范。因此，无论是学校领导，还是工作在教学一线的任课教师，无论是教学管理人员，还是后勤服务人员，都要认识到自己在礼仪教育方面的重要作用，要身体力行，言传身教，不断提高自身的文明修养，真正做到教书育人、管理育人、服务育人。

2. 发掘环境文化

学校无闲处，处处熏陶人。环境不仅是学生生活的空间，还是培养学生文明素质的载体。人们发掘、利用校园的环境，形成了浓厚的立体环境文化，使一草一木、一墙一板都能"说话"，都起到教育人、启迪人的作用。恰如陶行知先生所言"一草一木皆关情"。高校既可以在教室里、走廊上悬挂学生的优秀作品，让学生感受到成功的喜悦；又可以鼓励各年级全体学生在爱国与成才

---

① 李西京. 中华优秀传统文化融入大学校园文化建设研究 [D]. 西安：西安科技大学，2019.

的主题下，收集有关人格、人生观、道德观、世界观等的格言警句，每班选定名人或自编的格言警句经过加工制作分别布置在教室内外。这些格言警句将会对部分同学起到一定的激励作用。另外，学校可以将原有的宣传橱窗留出一半作为爱国教育的专栏，定时更换栏中的内容，使学生和教师养成课余时间看专栏的习惯。学生生活在这样一个健康、蓬勃向上的文化氛围之中，心灵自然荡涤，思想必然升华。

（三）实现大学校园文化合理化重构

大学校园文化重构是指高校在管理战略、组织结构、规章制度、人员和价值取向等方面做相应的调整，从而形成一种统一的新的大学校园文化。重构学校文化不是简单的否定学校文化问题，也不是简单的大学校园文化建设问题，更不是用来宣传和炫耀的资本。重构学校文化是教育理性的回归和理性的思考。原有的大学校园文化不会立即消失，仍然影响着师生的思想和行为。加速大学校园文化重构可以增强师生对大学校园文化的认同感，进而促进学校人事的融合。

1.减少大学校园文化合并的阻力

实现大学校园文化重构的关键是对学校合理定位，形成共同的奋斗目标。开展丰富多彩的大学校园文化活动是促进不同文化融合、形成统一的新文化的重要手段。由于以前的每一种大学校园文化都有其合理性，在文化的重构与融合过程中不宜过多采用行政手段压制某一种文化，而要加强文化选择，选出优质文化的同时要寻找不同文化的共同点、结合点，吸收不同文化的合理内核，产生新的优质强势文化，最终实现大学校园文化的重构。高校可以通过网络平台将多校区的大学校园文化整合统一起来，使多个校区间同时参与分享同一场大学校园文化活动，缩短各个校区之间的时空距离和文化差异，增强对学校的认同感和向心力，有效地避免人、财、物等资源的重复投入和浪费。

2.充实丰富实践活动文化

在新课程背景下，建立一种学习型的文化，形成教师群体学习、研究、创造的意愿和行为，建立面向实践、面向问题、面向经验的校本化的学习、培训、研修制度是新课程所体现的新型教学文化的内涵与规定。新课程强调培养学生的实践能力与创新精神，强调培养全面发展学生，要求课程与教学本身成为一种开放的、民主的、平等的、合作的过程和体验，从而使学生成为有思想、有追求、有个性的人。这对教师的专业素养和综合素养提出了很高的要求，要适应这样的要求，关键在于不断学习、不断反思、不断提升自己的教学实践能力。教师只有成为全面的、充分的、有个性的人，才能使教学充满智慧、个性和创造。

学校文化是学校发展的"魂"，是学校可持续发展的不竭动力。校园文化建设要求高校重新确定办学理念和办学思想，而办学理念和办学思想的确定首先要明确教育的终极目标，即实现什么样的教育、培养什么样的人才，这是学校文化建设最根本的要素。大学校园文化是一种群体文化，它体现在学校的一切活动中。现代大学生朝气蓬勃、活泼好动，死读书、读死书有悖于大学生身心健康发展。基于这一认识，高校要走出课堂，寓教于乐，开展丰富多彩的大学校园文化活动，创建文明、健康、向上的大学校园文化生活。

全面提高教师自身文化内涵和综合素养，需要教师把学习内化为一种日常生活方式。只有建立一种学习型的学校文化，才有可能为教师的持续发展提供环境、条件和氛围。

引导、规范、激励全体师生的社会与学校的实践文化绝不是外在于或强加给师生的学校文化，而是内在于师生、体现于师生行为的学校文化。创建学校文化是一个不断积累、不断沉淀、不断创新的过程，它原本就是基于学校传统的创造，是历代师生共同认可、共同付出、共同践行、共同创造、不断传承的过程和成果。因此，师生既是学校文化建设和创造的主体，也是学校文化受惠、享用的主体。

环境塑造人，文化引导人。通过丰富多彩的文化活动，营造浓郁的大学校园文化氛围，提升师生奋发向上的精神风貌，形成和谐的人际关系。在搞好校园硬环境建设的同时，学校要高度重视高品位大学校园文化的建设，精心培育积极向上的大学校园文化，努力完善校园环境建设，使之与大学校园文化软件设计做到相互融合、艺术组合、自然搭配。

（1）在组织形式上进行创新

高校要培养学生在大学校园文化建设中自我管理、自我构建、自我教育的能力，让学生成为学习和生活的主人。在教师指导下，实现学生自我组织、自我评价、自我总结和自主能力的提高，这是学生可持续发展的需要。

（2）在活动内容上进行创新

高校要结合爱国主义教育、集体主义教育、社会主义教育开展丰富多彩的活动（如主题演讲、竞赛活动、班会、诗歌朗诵、歌唱比赛、为社区服务等），让学生身处德育情境中，提高自己的政治思想觉悟和政治素质。通过社会实践活动和第二课堂活动，尊重学生的个性特点和个性心理特征，使学生的创造力得到充分发挥，实现自我人生价值，让学生感受到学习的成功和喜悦。

（3）在评价方式上进行创新

每个人对自己的行为有自我教育、管理、评价和修正的过程，在课内外活动设置中应充分体现评价的客观性、教育性和方向性。教师必须改掉使用主观定论的评价语言的习惯，指导学生对自己的行为参照各种规章或道德准则进行自我评价、自我修正，以提高教育质量，避免因教师的主观定论阻碍学生自主性的发挥和个性的发展。

学校要开展内容丰富、形式多样、吸引力强的各种文化活动，以重大活动助推大学校园文化建设；要精心策划和组织开展突出实效特色、时代主题、尊重师生主体地位、增进身心健康的重大活动，推动大学校园文化建设，努力营造"工作愉快、学习轻松"的浓厚文化氛围，同时不定期地举办各种文化节。

（四）大学校园文化建设的理念创新

在知识生产、传播、运用的周期越来越短的信息时代，学习已成为各类社会组织和机构的基本社会适应行为，也成为每一个社会成员立足和生存、发展和升迁的社会适应行为。学校教育是有目的、有计划、有组织的大规模学习活动，学校应成为主动学习、不断学习、终身学习的教育基地和服务中心，不断培养热爱学习、善于学习、终身学习的学生。

1.大学校园环境建设创新

环境是大学校园文化中的物质表现形式，它往往把艺术、思想和人文精神整合在一起体现出来。作为物质化的环境，客观表现在人们的面前，让人看得见、摸得着，比较直观和客观实在，它的建设和管理直接反映出学校的办学水平和办学思想。因此，校园的建筑群、绿化、雕塑、精品园、活动场地、生活区、学习区和运动区的整体布局、设计和装修配置要进行创新，使之符合时代发展的要求。对于品位不高、落后愚昧、质量不好、呆板单一的环境应有计划有意识地创新和改造，使之符合环境建设创新的三个特征。

一是艺术性。校园建筑整体规划和设计布局应合理有序，让全体师生感受到艺术性设计的存在。平坦的操场让人们感觉心静如水，具有平面美；独特的建筑造塑给予人们美的享受；艺术化塑造的绿化和鲜花艳放让人们热爱美好的生活。这种环境建设的艺术性能净化人的灵魂、陶冶人的情操，使人更加热爱生活、欣赏世界，塑造学生正确的人生观、世界观。

二是教育性。大学校园文化建设应利用先进的文化充实学生的文化底蕴。因此，环境建设目标应考虑对师生进行爱国主义教育、集体主义教育、社会主义教育、公民道德教育，使环境建设成为德育渗透的良好载体。例如，在校园建筑物墙上书写名言警句、在读书廊里挂上名人书画等，为广大师生创建一个文明、高雅、进步的大学校园文化氛围，使师生置身于知识的海洋。

三是情感性。环境建设中物化的表现富含人的情感，人们必须进行研究和挖掘，使环境和人的情感进行连接，产生交流和共鸣，从而使环境建设成为育人的主体之一。例如，在花草树木中写上保护环境的语言，让人亲切感动；升旗台上的国歌歌词、国徽、国旗让人们饱含对祖国的热爱之情；宣传栏里的光荣栏无声告诉人们努力就会成功；甚至一份嵌在建筑上的设计说明也能激发人们的思维和建筑物进行情感交流。

2. 高校社会实践活动创新

社会实践活动是大学生参与社会主义市场经济建设、促进教育改革的积极因素，是引导大学生健康成长的有效途径。通过社会实践活动，可以引导青年学生了解社会、了解国情，坚持走中国特色社会主义道路的信念；引导学生增强责任感和使命感，树立正确的世界观、人生观、价值观，提高学生的综合素质；充分发挥学生的知识和智力优势，培养学生的奋斗观念和奉献精神，增长才干，完善知识结构，有利于学生增强辨别是非的能力，培养优良的实践能力、良好的思想品质。学校把社会实践作为一项重要课程列入计划是推进素质教育的重要措施。学校要根据"心灵要美、学习要勤、能力强、特长显、视野阔"的培养目标，制订本年度学校社会实践计划。

学校应成立以校园为单位的社会实践活动领导小组，对全校学生开展的社会实践活动进行统筹协调、督促指导、考核评估，宏观管理学校社会实践活动工作。学校要建立社会实践活动管理的长效机制，定期研究、处理班级反馈的信息，做好社会实践活动的时间、课程设置和指导考核等工作。学校要组织教师、学生开展社会实践成果的展示和交流活动，帮助师生把各种成果和建设性意见推荐给区教育局，让学生感受学以致用的快乐，鼓励和保护学生参加社会实践活动的积极性。班级要建立社会实践活动工作网络，吸纳有意愿的大学生参加，建立健全组织管理机构。同时，学校应主动与其所在地的纪念馆、商场、企事业单位、社区等取得联系，通过多种渠道和形式建立一个相对固定、便于学生开展活动的社会实践活动联系点，为学生的发展提供广阔的空间和必备的条件。高校要主动向大学生宣讲开展社会实践活动的意义，争取学生对此项工作的支持和配合。

3. 高校校园制度建设创新

校园制度建设是大学校园文化建设的重要组成部分，是学校对人的教育教养及塑造人的规章制度。它规定了校园里的人什么样的行为是该做的或不该做的，什么是提倡的和什么是反对的，什么是该奖励的和什么是该惩罚的。校园制度建设包含各种规章、制度、规定，如《教师职业道德》《教师年度考核细则》《学生奖惩规定》《教育教学科研制度》等，制度建设能保证校园生活的各个领域活动有序进行。因此，在新形势下校园制度建设必须创新，使之适应当今社会的发展。

（1）加强校园制度建设进程中的群众参与性

一方面，要在校园制度建设进程中加强群众参与、学校与师生互动。例如，规章制度可让师生参与制定、修改，经过充分酝酿和讨论后形成初稿，再征求意见，最后讨论定稿；有关学校整体管理和教师管理的制度可提交教师代表大会表决通过，有关学生管理的可提交学生代表大会讨论表决。一个制度的形成集中了每个参与者的思想认识、自我提高的过程，经历了是非分辨的过程，从这个意义上来说，制度制定的过程和执行的过程也是一个文化建设的过程，对强化育人功能和提高师生执行规章的自觉性有着重要的意义。高校要积极开展群众性的文化体育活动，丰富教职工的精神生活。开展健康向上的文化体育活动能够创造良好的文化氛围，激发教职工的工作热情，增强凝聚力和向心力，是大学校园文化建设的重要组成部分。要督促和推动学校加强文化体育设施的建设，进一步完善和充实"教工之家"、文化体育场馆、教工阅览室和教工活动室等阵地，开展丰富多彩、生动活泼、教职工喜闻乐见的各项文化体育活动，使工会组织文化体育活动的功能得到更有效的发挥。通过开展"教工小家"建设等活动努力把群众性文化体育活动开展到院系基层单位，扩大教职工的参与面，使他们在活动中丰富知识、陶冶情操、放飞心情。

制度建设群众性的另一方面是制度实施的群众性，应充分发挥学生自我管理的作用。例如，有计划、有目的地组织学生担任校值日生、班级轮值班长等，让学生创设自我教育情境进行自我检查、自我考核、自我评比，开创大学校园文化建设的新层面。加强大学校园文化建设、优化育人环境还需要学校、社会、家庭的密切配合，只有大家都重视大学校园文化建设，以人为本，环境育人的功能才会真正得到加强，学生才能真正健康发展。

工会有着组织开展群众性活动的优良传统，可以通过组织开展劳动竞赛、教学基本功比赛等活动来激发教职工的建校爱校热情和劳动积极性。工会应积极主动地把自己浅层面的文化活动纳入大学校园文化建设的系统工程之中，有目标、有步骤、有秩序地参与大学校园文化建设，并在参与中履行职能，发挥作用。同时，工会要把教职工个体素质的提高和优化作为大学校园文化建设的根本。就大学校园文化建设来说，以人为本就是要以提高教职工素质为基本出发点。根据教育改革和全面实施素质教育的新形势，工会要积极配合有关职能部门做好教职工的思想教育工作，通过深入开展党的基本理论、基本路线、基本纲领的教育活动努力用习近平新时代中国特色社会主义思想武装教职工，开展爱国主义、集体主义、社会主义和艰苦创业精神的教育活动，不断提高教职工的思想政治素质，引导教职工树立科学的世界观、人生观、价值观，增强主人翁责任感。工会要进一步加大对教职工执教和工作能力的教育和培训力度，通过积极开展岗前培训和基本功竞赛等活动提高教职工的业务素质和能力，引导教职工为学校发展多做贡献。

（2）加强民主办学建设创新

一要努力探索民主管理模式，不断提高学校管理效能。充分发挥教师、学生、家长和社区在学校管理中的民主参与和监督作用，形成多元的学校管理模式，同时要积极调动教师的主人翁意识。学校应利用校园网络及其他途径让教师知晓学校发展规划、学期工作计划、周工作安排，让教师及时了解和掌握学校工作动态，并能通过与学校领导对话、座谈会、教代会等形式对学校各项工作提出建议，为学校的发展献计献策，最终形成共商共议、和谐共荣的管理氛围。二要发挥团代会、学代会及学生自主管理委员会的作用。认真落实学生提案，充分调动他们参与学校民主管理的主动性、积极性；完善值周班制度，发挥学生自主管理的积极性；定期召开家长委员会会议，听取家长意见。家长委员会的代表每年都应参与学校毕业班评优工作、学校规范收费工作，参与学校安全设施的检查。每学年开设家长开放日，让家长深入课堂，了解课堂教学的现状，并及时召开座谈会听取家长反馈意见。三要广泛利用校外资源，为学校的发展提供外部动力。拓宽学生社会实践的渠道可以使教师的课堂设计更加精致，学生的学习主动性增强，坚持下去必能收到理想的效果。四要坚持以教代会为基本形式的学校民主管理和民主监督制度。每年教代会都要审议通过学校的财务报告和重大决策。五要不断完善学校管理机制，实行"阳光作业"，增强管理透明度。

（3）加强制度建设，坚持依法治校

学校要认真制定并严格执行各项管理制度，坚持依法治校，提高教职工遵章守纪的自觉性；努力探索理性管理与人性化管理的最佳结合方式，不断向精细化管理方向发展，进一步规范、优化学校管理；建立科学的激励机制。要认真实施事业单位人事和分配制度改革，确保改革平稳有序地推进，经过反复讨论、征求意见，完善与学校民主管理相关的各项规章制度；形成公平、公开、公正的考核评价机制，每年的教师考核评优和各种推优工作都采取自下而上、公开、民主的推选方式；专门成立校务公开工作的领导小组、工作小组和监督小组，每学期定期召开会议，就学校的管理和发展在教职工中开展合理化建议征求工作。

第三节 劳动力量：劳动教育带给大学校园文化建设的机遇

2018 年 4 月 30 日，习近平在给中国劳动关系学院劳模本科班学员回信时强调："全社会都应该尊敬劳动模范、弘扬劳模精神，让诚实劳动、勤勉工作蔚然成风。"2018 年 9 月 10 日，习近平在全国教育大会上进一步指出："要在学生中弘扬劳动精神，教育引导学生崇尚劳动、尊重劳动，懂得劳动最光荣、劳动最崇高、劳动最伟大、劳动最美丽的道理，长大后能够辛勤劳动、诚实劳动、创造性劳动。"2019 年 4 月 30 日，习近平总书记在纪念五四运动一百周年大会上对新时代中国青年提出，"要用勤劳的双手创造美好生活"。一时间，"劳动""劳动模范""劳动精神"成为各界关注和媒体热议的话题，在全社会掀起了一股"劳动热"。但不可否认，当今社会仍存在"重消费、轻劳动""重管理、轻技能""重脑力劳动、轻体力劳动"的不良思想，在一定程度上误导了青年学生的价值观念和职业选择。

一、校园文化对高校加强劳动教育的功能支撑

大学校园文化是指师生共同认可、坚守、传承的价值观念，是时代精神在大学的客观反映，是社会主义办学原则和指导方针在高校的集中呈现。充分发挥大学校园文化的引导、规范、激励、教育、凝聚功能对加强劳动教育、培养德智体美劳全面发展的社会主义建设者和接班人具有重要意义。

（一）校园文化建设有利于高校整合劳动教育资源

英国人类学家泰勒（Edward.B.Taylor）认为文化具有复合性："文化是一个复杂的总体，它包括知识、信仰、艺术、道德、法律、习俗，以及人类在社会里所能得到的一切能力与习惯。"[①] 正如校园存在于社会中一样，校园文化同样是社会文化的有机组成部分，是镶嵌于社会文化大环境之中的一种与众不同

---

① TAYLOR E B. Primitive culture [M]. Cambridge: Cambridge University Press, 1871: 4.

的、独具特色的亚文化形态。校园文化实践探索作为一种社会现象，同样具有复合性的特点，蕴含着学校的历史传统、领导风格、教师教风、学生学风、课堂教学、校园环境、制度规范等丰富内涵。校园文化建设的多元化载体和多样化形式为劳动教育的有效开展提供了广阔的平台，拓宽了劳动教育的实践形式，形成了多部门、多载体、多形式共同培育大学生劳动价值观的合力。劳动教育的深入开展又为校园文化建设注入了劳模精神、劳动精神、工匠精神等鲜活元素，进一步丰富了校园文化建设的内涵和层次，为校园文化建设提供了有力抓手，两者相辅相成，共同服务于实现人才培养目标。

（二）校园文化建设有利于营造崇尚劳动的浓厚氛围

在漫长的历史文化长河中，世世代代的炎黄子孙通过辛勤劳动创造了辉煌灿烂的中华文明，孕育了具有丰富内涵和深远影响的劳动思想，精卫填海、夸父追日、后羿射日、愚公移山、女娲补天、大禹治水、钻燧取火等神话故事均反映了古人对劳动的赞美和对命运的抗争。[1]例如，明末清初思想家颜元就非常重视劳动教育，"养身莫善于习动，夙兴夜寐，振起精神，寻事去作。行之有常，并不困疲，日益精壮"；著名教育家陶行知在晓庄学院倡导"不会种菜，不算学生"，以"不会烧饭，不得毕业"为口号[2]。可见，中华民族拥有尊重劳动、崇尚劳动、礼赞劳动的悠久传统。辛勤劳动、诚实劳动、创造性劳动不仅是中华民族数千年来繁衍生息的基本保障，还是中华民族继续屹立于世界民族之林的宝贵精神财富和强大精神动力。然而，在多元文化和不良消费主义的冲击下，中华民族的这一优良传统受到了冲击。部分大学生没有充分领悟劳动创造历史、劳动开创未来的深刻内涵，认为"劳动不是自愿的，而是一种被迫的强制劳动。劳动不是需要的满足，只是满足劳动以外的其他各种需要的手段"。在大学校园文化建设中，一方面要深入挖掘蕴藏在传统文化中的劳动教育资源，使学生从传统文化中汲取营养，树立正确的劳动价值观；另一方面要开展丰富多样的劳动实践活动，让学生亲临劳动教育现场，通过身体"在场"的劳动体验，实现由"身"到"心"再到"身心合一"的劳动教育实践路径，进而在大学生中营造崇尚劳动的浓厚氛围。

---

① 李珂.嬗变与审视：劳动教育的历史逻辑与现实重构[M].北京：社会科学文献出版社，2019：3.

② 陶行知.中国教育改造[M].合肥：安徽人民出版社，1981：84.

（三）校园文化建设有利于高校劳动精神的凝练与传承

文化具有传承性的特点。文化一经形成就会被他人模仿、借鉴，产生一定的扩散效应，包括在代与代之间进行纵向传递和在地域、民族之间进行横向传递。从纵向来看，借助校园文化建设这一载体而实现的劳动教育能够在高校校园内形成经久不息、代代相传的崇尚劳动的浓厚氛围。这样的校园氛围一旦形成，身处其中的学生即使不去参加专门的劳动实践，也会在无形中受到熏陶和感染，从而实现劳动教育的"润物细无声"。正如著名教育家涂又光先生所言："校园是泡菜坛，文化就是泡菜水，学生就是泡菜；有什么样的泡菜水，就将炮制出什么样的泡菜。"从横向来看，随着高等教育进入大众化时代，高校逐步从社会的边缘迈向社会的中心，已经不再是独立于社会之外的"象牙塔"。大学生普遍具备较高的文化素质和科学素养，是当代青年群体中的佼佼者，对他们进行系统的劳动教育，引导其树立正确的劳动价值观，就相当于在全社会播下一粒希望的"种子"，进而孕育出全民热爱劳动、崇尚劳动、尊重劳动者的"硕果"。

二、劳动教育与高校校园文化有机融合的实践

校园文化像和煦春风一样，飘散在校园的各个角落，渗透在师生的价值理念和言谈举止之中，体现在他们的教学、研究、学习、做人、做事的态度和情感之中。实现劳动教育与校园文化相结合，将劳动观、劳动精神融入师生员工的学习、工作和生活是高校加强劳动教育、构筑德智体美劳全方位育人格局的可行路径。

（一）让高校精神载体成为劳动教育的思想引领

高校精神载体主要包括校史、校训、校歌等。在开展劳动教育过程中，应着重挖掘校史中关于开拓创新、奋力拼搏、迎难而上、自强不息的典型人物和故事，并用图片、话剧、视频等手段还原历史，让师生深刻领会劳动创造历史、劳动开创未来的道理。例如，中国高等教育开拓者吴玉章为创建中国人民大学，已逾古稀之年，殚精竭虑、历尽艰辛，在短时期内顺利完成了学校筹备工作，并在治校 17 年间为中国教育事业做出了不可磨灭的重大贡献。在中国人民大学建校 80 周年时，该校话剧团创作了话剧《吴玉章》，并作为校庆大戏隆重上演，在师生中间引起了强烈共鸣。这是一个充分发挥校史的教育引导功能、大力弘扬高校办学历史中劳动精神的成功案例。

校训短小精悍、言简意赅、便于记忆，是高校教育理念、人文精神、历史文化积淀的高度凝练。它渗透在高校的办学目标、管理制度、学科建设、人才培养等方面，贯穿高校育人全过程，在高校开展劳动教育的过程中具有灵魂和航标的作用。在入选一流大学建设的 36 所 A 类高校中，共有 16 所高校在校训中体现了劳动教育的内容。其中，重庆大学直接把"耐苦劳"写入校训；南京大学和西北工业大学在校训中以"诚"字承载了"诚实劳动"的要求；浙江大学等 9 所高校在校训中突出"创新"，是倡导"创造性劳动"的直接体现。

校歌以情感人，易于传唱，一直是广大校友情之所系，每次吟唱总能忆起校史中那些难忘岁月，也见证了一代代校园人拼搏奋斗的美好时光。北京大学校歌气势恢宏、激励人心，体现了代代北大人拼搏奋斗的精神；南开大学校歌则歌颂了智勇真纯、日新月异的南开精神；中山大学校歌体现了代代师生的奋斗历程和雄伟壮志。融入劳动思想、弘扬劳动精神的校歌在传唱中无形加强了劳动教育。

（二）让高校教职员工成为劳动教育的先锋示范

育人者必先育己，立己者方能立人。高校教职员工不仅要"传道、授业、解惑"，还要切实做到"行为示范"，通过言传身教引导学生树立正确的价值理念。吉林大学教授黄大年与时间赛跑，带领团队创造了多项"中国第一"，为深地资源探测和国防安全建设做出了突出贡献，不仅是优秀教师、时代楷模、劳动模范，还是引导学生辛勤劳动、诚实劳动、创造性劳动的最好示范。高校要在加强师德师风建设上下功夫，将劳模精神、劳动精神、工匠精神纳入师德师风的内涵体系，将师德师风建设与思想政治工作、教学科研工作同研究、同部署、同落实；在深化新时代教育体制改革、建立科学的教育评价体系上下功夫，用劳动教育的内涵丰富高等教育理念，着力建设一支为人师表、治学严谨、认真负责、耐心细致、开拓进取的高水平教师队伍；在宣传引导上下功夫，广泛宣传优秀教师崇尚劳动、勤于劳动、以身作则、率先垂范的先进事迹，以教师高尚的人格魅力和模范的言行举止为学生树立标杆。

（三）让高校身边榜样成为劳动教育的时尚表率

任何时候，高校校园内都不缺乏向上向善的感人故事，不仅有自力更生的励志传奇，还有艰苦奋斗的勤奋典范。这些榜样就在大学生身边。为此，应成立身边榜样事迹采编队伍，开展身边榜样评选活动，挖掘普通学生中勤奋刻苦、诚实守信、乐于助人、勇于创新的点滴，选取学生党员中信念坚定、攻坚克难、默默奉献、奋力拼搏的典型，整理各届校友中自强不息、勤于钻研、苦干实干、创新创业的感人故事，并以他们的成长经历引导在校大学生正确认识劳动，积极参与劳动。北京大学自 2014 年起举办"学生年度人物"评选活动，每年评选 10 位优秀学生，其中有变废为宝的工程师、成绩斐然的学习之星、向珠峰进发的科研达人、勤于实践的全能女生、英姿飒爽的军中玫瑰、热心志愿服务的学霸、信息时代的弄潮儿等。

大国工匠和劳动模范来自各行各业，分布在祖国各个角落，但他们其实就在我们身边。要充分发挥大国工匠和劳动模范的引领示范效应，将大国工匠和劳动模范请进校园，让他们从电视屏幕、图书画册、橱窗展板上走下来，走进教室，走上讲台，走到大学生中间，让大学生切身感受劳模精神、劳动精神和工匠精神，引导其立志刻苦学习、劳动创造，切实全面提升自身综合素质，培育深厚劳动情怀。中国劳动关系学院自 2015 年起就充分发挥"劳动模范在校园，大国工匠在身边"的优势，聘请劳动模范担任大学生德育导师或兼职辅导员，让他们与大学生一起开展班级活动，共同参加社会实践，在深入交流的过程中，潜移默化地用劳模品质感染青年大学生，用劳模精神引领青年大学生，活动取得了很好的效果。

（四）让高校文化活动成为劳动教育的有力抓手

在新生入学教育中融入劳动教育内容，让大学生在知校爱校的同时深刻领会劳动和劳动精神的内涵；在毕业生离校时，选拔学校形象代言人，鼓励毕业生用"干劲、闯劲、钻劲"在各自工作岗位上为实现个人梦想、为国家创新发展不懈努力；开展创新创业系列讲座、创新创业作品设计大赛，开辟大学生创新创业园区，鼓励大学生积极参与创新创业，在劳动中成就未来；举办"劳模大讲堂""大国工匠面对面""大国工匠进校园"等活动，在校园中传播劳模故事、展示精湛技艺、弘扬劳动精神；开展以弘扬劳动精神为主题的摄影大赛、微视频大赛、征文大赛等，发挥大学生的主观能动性和创造力，引导他们深入理解劳动的内涵，主动宣传劳动精神，自觉践行劳模精神；以"探寻劳模成长历程""弘扬劳模精神"为主题组织社会实践活动，带领大学生深入劳模工作单位，感受一线劳动的魅力。同时，充分发挥高校的科研优势，引导师生举行劳动精神学习沙龙、举办劳动精神专题论坛、申请劳动教育研究课题、组织劳动教育专题讲座、邀请专家和学者、劳模代表、优秀校友开展主题讲座、学术论坛，为学生深入解读劳动精神，为开展劳动教育、传播劳动精神提供智力支持和理论支撑。

（五）让高校新媒体平台成为劳动教育的重要阵地

要在灵活运用橱窗、海报、报纸等"线下"媒体的基础上主动抢占新媒体阵地，推出更多轻量化、可视性高、互动性强的新媒体宣传作品；掌握网络传播的规律，依据"网络原住民"的媒体接触特点，用平视的角度、平和的心态、平等的互动实现劳动教育的"线上传播"；打造"身边劳模""我身边的最美劳动者""青年劳动之声"等形象生动的多媒体产品，提升劳动教育的吸引力；开设"人物志""榜样的力量"等栏目，将校园人物的典型事迹用图文、视频、快问快答等方式呈现，增强劳动教育的感染力；通过微直播、微图说、微寄语等板块，鼓励师生参与讨论劳动教育话题，分享劳动教育感悟，提出劳动教育建议，增强劳动教育的互动性；开设"我与榜样面对面"等网络访谈节目，邀请劳动模范、大国工匠、师德标兵、十佳教师、三好学生等先进人物讲述成长故事，分享劳动理念，探讨劳动精神。通过多元化的方式，增强劳动教育的时代感、吸引力、感染力和渗透力，切实让劳动教育"活起来""实起来""酷起来""火起来"。

（六）让高校物质、制度环境成为劳动教育的肥沃土壤

完善的校园设施为开展丰富多彩的寓教于文、寓教于乐的劳动教育活动提供了重要阵地；健全的制度体系为开展劳动教育提供了坚强的制度保障。应重视校园楼宇文化建设，在教学楼、办公楼、图书馆、宿舍、食堂等主要场所，以图片、实物、文字、视频等多样化的形式，充分展示各领域劳动模范和大国工匠的成长历程、卓越业绩，使劳模精神有机融入师生的日常学习生活，鲜活自然地传播弘扬劳模精神、劳动精神和工匠精神，引导青年学生自觉摒弃利己主义思想，着力塑造"崇尚一技之长，不唯学历凭能力"的新时代劳动价值观。打造劳动教育文化墙，在文化广场、运动场等人员较为集中的地区，集中展示劳动理念、劳动标语、劳动模范、劳模事迹等内容，增强师生的思想认同感。建立劳动教育课程标准和教学评价制度，健全师资队伍考核激励机制，制定劳动教育相关奖学金和荣誉评选实施细则。努力让这些不会"说话"的物质、制度环境发挥正向的激励作用，引导师生崇尚劳动、开拓进取，通过制度建设营造浓厚的劳动教育氛围，涵养深厚的劳动情怀。

第四章 内容呈现——新时代大学校园文化的建设重点

第一节 精神理念：大学校园精神文化建设

一、大学校园精神文化的内涵与价值

大学校园精神文化是大学校园文化的核心与灵魂，它是一种内隐文化，看不到，也触摸不到，但它以不同的形式存在于大学校园的每个角落，影响着大学校园文化以及学校的发展。人们只有充分了解了校园精神文化的内涵，才能全方位地认识校园精神文化，进而了解校园精神文化建设的必要性。

（一）大学校园精神文化的内涵

1.大学校园精神文化的特点

大学校园精神文化主要包括大学理念与大学精神。大学理念主要体现在大学人对大学的功能定位、人才培养及培养目标、科学研究、社会服务诸方面的内在规律及相互关系等基本问题的认识、观念和理想，涉及大学的价值等基本问题。大学精神是一所大学在其成长过程中经过长期积淀而形成的师生共同的理想追求、道德准则、思维方式和行为习惯，是带有大学自身特点的人文精神与科学精神的综合体现，在表现方式上十分注重文化传统的认同感及其时代特性。大学校园精神文化具有以下特点。

（1）生存与发展的不可替代性

一所高校精神文化的形态是不可替代的，高校必须靠自己去完成、发展，不能依靠别人而完成、发展。一所高校如果资金短缺，可以到银行去贷款，到别的高校去借，这可以依靠他人。但高等学校的灵魂——精神文化不可以调进、引进。精神文化不能借，必须靠自己去形成。

（2）内涵同企业不一样

企业有厂风，高等学校有校风、学风，两者有着质的差别。因为高等学校的价值目标同企业的价值目标不一样，所以其内涵也不同。另外，企业是以经济为基础的形态，而高校是一种文化单位、教育单位，是以文化为基础的形态。

（3）价值上具有不可转让性

精神文化在高等学校所发挥的作用、所具有的价值不能被输送到别的地方，不可转让。换句话说，精神文化是不能借用的，具有不可复制性。企业也是一样，不同的企业如果购买了产品的专利权，也许可以生产相同的产品，但企业精神文化不可能相同，它是个性化的东西，照搬是不行的。

2.大学校园精神文化的结构

大学校园精神文化结构通俗地讲就是精神文化所包括的内容，具体包括以下几个方面。

（1）办学理念

办学理念是学校的灵魂，它包括学校的办学宗旨、办学目标、办学策略，具体体现在校训、校风、校规、校歌、教育理念、建校原则、办学宗旨、育人取向、培养目标、育人途径、学风建设、教师形象、校园文化、工作重心、庄重承诺等方面。每一方面都应当精雕细刻，力求使办学理念在实践中达到完美。先进的办学理念对内是凝聚力、向心力，对外就是核心竞争力和品牌。可以这样说，办学条件作为"器文化"，是学校之躯；管理制度作为"制度文化"，是学校之脉；办学理念作为"精神文化"，乃是学校之魂。

第一，办学理念具有跨越时空的品牌价值。坚守一个恒定的持久的办学理念是一所学校思想成熟、文化厚重的表现。办学理念同时代表了民族传统的价值观，代表了学校的传统精神，代表了时代对教育的期待和呼唤，办学理念应以辉煌的校史作注脚，以社会的评价作诠释，具有办学特色的鲜明性。

第二，办学理念是极富个性的品牌标识。办学理念不是飞来之石，而是根植于学校沃土的一株常青树，它具有唯一性，其他学校即使仿效克隆，也均缺乏坚实的本土文化基础。办学理念能够将学校的传统与现实结合起来，将学校精神和校园环境结合起来，具有精神与物质交融的有机性。源远流长，水到渠成，它的原创性是任何"整容""嫁接"所不可企及的。

第三，办学理念具有绚丽夺目的品牌风采。办学理念不仅应提出对学校"人"的风骨要求，还应涵盖对学校"景"的风格要求，以及对学校"行"的风范要求，应以一个中心词来统摄时空风情人事，为学校这一品牌形象提供广袤深远的用武之地。

（2）人文精神与时代精神

所谓人文精神，就是在历史中形成和发展的，由人类优秀文化积淀、凝聚、孕育而成的精神。①在每个民族的历史发展中，既有进步的，具有人民性、革命性的文化，又有落后的，带有腐朽性、反动性的文化。高等学校的人文精神与科学精神是紧密相连的。一般大学里面容易强调科学精神而忽视人文精神，其实这是一种不好的倾向。人文精神是由优秀文化孕育而成的精神，包含科学精神在内。人文精神和科学精神相辅相成，如果丢掉了科学精神去谈论学科或专业的建设目标，人文精神就如无源之水，空中楼阁；如果丢弃了人文精神，对科学精神的理解和把握就偏离了航道，失去了方向。因此，完善的高等教育应该是科学精神与人文精神结合的产物。所谓时代精神，能够代表这个时代的人的一种精神面貌，这种精神的集中体现就是价值体系。以爱国主义为核心的民族精神实际上是人文精神；以改革创新为核心的时代精神实际上就是当代人的一种创新的、拼搏的精神。时代精神是大学校园精神文化的核心和主流，综合反映了高校进步的发展方向，引领时代进步潮流，是校园人普遍认同和接受的思想观念、价值取向、道德规范和行为方式，是一个学校最新的精神气质、精神风貌和校园时尚的综合体现。

（3）德育的地位与作用

可以这么说，高等学校的教育就是德智体三育，而在这三者之中，德育应当居于首位，这也是由教育的规律性所决定的。德育是文化的表现形式，是文化中的重要组成部分，它具有文化的形态。在我国当代对精神文化的研究当中，许多学者明确地把德育看作精神文化的重要部分。在我国 20 世纪 80 年代兴起的文化讨论中，有许多学者在谈到文化的构成问题时明确地将德育列为精神文化的范畴。精神文化是物质生产活动所创造的物质文化的直接产物，社会心理、风俗习惯、政治、法律、道德、教育、科学等社会意识形态以及与之相应的制度的组织机构都是其内容。有学者认为文化的精神生活中包含教育生活，德育是文化精神层面的组成部分。德育文化主要表现为精神文化，精神文化是德育文化的核心，它主要培育学生的人文精神。②人文精神的宗旨就在于从根本上启发、启迪学生的自信心、自尊心和自强不息的人生悟性与人生动力，在于启迪学生的自重、自爱，以及人生追求和人生价值，其归根结底表现

---

① 高汉忠，梁飞琴.人文精神视域下校园生态文化建设的路径探析 [J].高校后勤研究，2019(1): 53–56.

② 陈臣.大学生社会主义核心价值观教育机制创新研究 [D].北京：北京交通大学，2018.

为校园精神文化。所以，德育是高等学校精神文化建设的范畴。

（4）教风、学风与影响力

教风和学风是一个学校的综合性表现，实际上听之无声，望之无形。但是，它是一种巨大的力量，具有重要的影响力和凝聚力。影响力是对外的，关系到学校的形象；凝聚力是对内的，关系到全校教职工之间的一种联系。而且，伴随着教育市场化的体制改革的不断深入，这个问题今后会显得越来越重要。因为随着新一轮高校新校区建设的尘埃落定，高校的办学条件和教育教学资源显著改善，高校与高校之间竞争力加剧。家长和学生对学校的选择性增强，而这种选择基于学校的社会影响度和知名度。在高校社会知名度差异较小的情况下，就具体到学风、校风的问题。

（二）大学校园精神文化的价值

大学校园精神文化有其独特的社会功能和导向价值，这种功能和价值虽然看不见、摸不着，但它能够像春风化雨一般无声地渗透于大学校园之中。它散落于学校成员的价值观、精神、行为及学校的规范和制度之中，像血一样融合和奔流于校园人的生活之中，影响和支配校园人的言行，在校园人的身上留下校园精神文化的烙印。

1.大学校园精神文化的功能

大学校园精神文化作为大学校园文化的重要组成部分，时刻体现着大学校园文化所共有的功能。同时，大学校园精神文化作为大学校园文化的核心和灵魂，又有其独特的、明显区别于制度文化、物质文化等的功能，主要表现在以下几个方面。

（1）导向功能

大学校园精神文化的导向功能指的是大学校园精神文化通过自身所具有的各种文化要素，对校园整体和校园人个体的价值与行为取向产生引导作用，使之符合学校所确定的目标。大学校园精神文化的导向功能是由大学精神形成的特殊本质所决定的。大学校园精神文化是一所大学在长期的发展中形成的独具个性的思想和价值观念，其从形成之日起就深深地烙上了自身系统的价值标准和规范体系，并且能够深远地影响和引导校园人，使其树立正确的价值标准和奋斗目标，并为之而努力奋斗拼搏。

大学校园精神文化的导向功能通过各种具体的文化要素来实现，具体表现在目标导向和价值导向上。一般来说，每一所学校都有其明确的办学理念和价值目标，都有自己培养人的总体目标定位。大学校园精神文化建设始终围绕着总体目标，并服务于这个目标，这就是大学校园精神文化的目标导向。教育的总体价值导向是培养社会主义"四有"新人，但每一所学校的价值导向又因其培养目标和培养手段的差异而有所不同，如培养"复合型人才""创新型人才"等，但总与其目标定位息息相关。大学校园精神文化的导向功能时刻激励着校园人为了促进学校发展的远景战略目标和共同的价值标准而努力奋斗。

（2）激励功能

大学校园精神文化的激励功能更多地体现在校训、校歌、校徽之中，通过它们所包含的精神寓意激发和激励校园人的团结向上、不懈拼搏、艰苦朴素、自强不息的奋斗精神，激励全体校园人为了共同的目标而努力进取。例如，在陕西科技大学，每当课间和放学后，校园广播台都会播放那首催人奋进的校歌《远航》："迎着祖国初升的太阳，我们从首都北京起航……回首往昔书写国计民生的篇章，面向未来锻铸中国轻工的辉煌，让我们扬起风帆满载人类幸福的梦想，远航，远航，远航，远航……"每当这优美而动听的旋律回荡在校园的上空，学子总会心情澎湃，对知识的渴望和对祖国轻工行业的责任感油然而生。

（3）凝聚功能

大学校园精神文化的凝聚功能表现在大学校园文化当中，以学校精神为核心的价值观被全体校园人认同和接受之后会在全体校园人当中形成稳定的文化氛围。这种文化氛围的形成基于一种共同的认同感和强烈的归属感，从而能够使校园人的信念、行为、感情与学校的整体目标统一结合起来，凝聚成一种合力和向上的推动力，产生一种巨大的向心力和凝聚力。这种力量会对学校的整体发展起到巨大作用。

2.大学校园精神文化的价值

大学校园精神文化是大学校园文化的核心内容，承载着高等学校悠久的办学历史，是一所学校光荣的历史传统和优秀的时代精神的结晶，映射了每一所高等院校独特的精神气质、价值信念和理想观念等诸多内容，体现着一种高层次的文化境界，其无形资产价值不可估量。

（1）大学校园精神文化是促进社会文化和谐发展的基础

高等学校是传承和创造先进文化的重要场所，而高等学校的受众群体是青年大学生，这个群体具有思维敏捷、思想活跃、紧随时代潮流等特点，大学校园文化的接收和传播方面具有普及性和便捷快速等特点，代表了当前的时代精神。在此过程中，大学精神所蕴含的丰富的文化内涵与时代精神紧密结合，融合成为先进的人文精神和先进文化，能够创造出具有时代精神的新文化，极大地推动社会先进文化的发展。另外，作为文化的传承中心和创新中心的高等学校，其在文化的学习传播过程中会接触到大量的错综复杂、包罗万象的世界文化，只有批判性地吸纳大众文化，"取其精华，去其糟粕"，抵制那些低俗、腐朽的文化，借鉴并交流世界先进文化，才能在社会文化的发展中发挥引领辐射作用，推动社会文化向更高层次发展，促进社会全面、协调、可持续和谐发展。

（2）大学校园精神文化有助于培养创新型人才

新时代中国特色社会主义思想对当代大学生提出了更高的要求，要求当代大学生不但要勇于创新，而且要善于创新，成为能够直接服务于社会经济发展的创新性的人才。但大学校园文化在某些学校"说起来重要，做起来次要，忙起来可以不要"，以至于有人把大学校园文化概括为"新生一个书包两个碗，宿舍教学楼图书馆；老生一副眼镜两个书（证书和推荐书），网吧电游录像厅"。这种不健康的文化严重影响困扰着大学校园。良好的大学校园精神文化必定有优美的校园环境，规范的校园管理制度，良好的学风、教风以及独特的大学精神为基础，这些外因和内因必将从方方面面通过情感熏陶、思想引导、课堂教育等对提高大学生的综合素质，使其保持健康的精神风貌，形成正确的世界观、人生观和价值观，塑造和培养其高尚的人格，发挥积极的作用。

（3）大学校园精神文化体现了大学的核心竞争力

近年来，随着教育体制改革的不断完善，各高校新校区建设尘埃落定，各高等学校之间必将展开各种有形和无形的激烈竞争。这种竞争不仅表现在校园基础设施、教学仪器设备等摸得着、看得见的"硬实力"，还表现在"春风化雨、润物无声"的内在精神、内部文化的"软实力"。这种"软实力"是一所大学生存和发展的精神支柱，它集高等学校的办学理念、总体发展目标、办学特色和全体校园人的价值理念、伦理观点等多方面内容于一身，具有兴校功能和育人功能。对于高等学校而言，大学校园精神文化是"生于斯长于斯"土生土长的本土文化，是其他行业和单位所无法模仿的，具有不可替代性。此外，大学校园精神文化是实现大学生素质教育的文化环境和教育环境，通过培养高素质、综合型、有特色的人才，为大学品牌的构筑提供动力和支持。可以说，大学校园精神文化的建设和发展过程就是高校不断提升核心竞争力和品牌形象的过程。

总而言之，大学校园精神文化是全体校园人共同遵循的理念、愿望和价值标准。任何一所大学的校园精神文化都不是一蹴而就的，都是经过了几代教育者长期的积累和凝结的结果。在当今这个多元文化充斥的社会，我们只有加强学习，认真筛选、提炼，积极宣扬独具特色的大学精神，积淀和丰富独具特色的大学校园精神文化底蕴，构建具有时代精神的核心文化，才能加强学校的核心竞争力，在竞争中立于不败之地，推动教育事业的健康发展。

二、大学校园精神文化在大学校园文化中的地位

要想了解大学校园精神文化在大学校园文化中的地位，必须先了解大学校园文化的质态构成。所谓质态，就是指文化的物质形态，"物质既是文化的最小单位，也是独立意义的单位"①，是文化本体意义上最小的存在单位或最小构成元素，就像世界万物都是由物质构成的，物质为万物的最小存在单位为人们所认识一样。从大学校园文化的质态构成看，大学校园文化分为精神文化、制度文化、物质文化和行为文化四个层次，并按相互间的支配与被支配、作用与反作用的关系形成以精神文化为核心，向外依次是制度文化、物质文化、行为文化的同心圆结构。

校园精神文化在大学校园文化中居于中心地位，是校园制度文化、物质文化和行为文化等一切大学校园文化的核心与灵魂，并对校园制度文化、物质文化和行为文化产生支配作用。反过来，校园制度文化、物质文化和行为文化本身又影响和作用于校园精神文化。校园精神文化集中反映一个学校的特殊本质、个性及精神面貌，体现学校的办学宗旨、培养目标及独特风格，是大学校园文化的最高境界。它是在长期的校园物质文化、制度文化创造过程中积淀、整合和提炼出来的。它反映了全体校园人的意识形态、思维方式和教风学风等，同时受高校的地域、民族、历史文化背景和知名学者等因素的影响。校园精神文化虽然看不见摸不着，但是一经形成，就建立起了自身的行为准则、生活习惯和规范体系。它可以通过各种文化活动来引导校园人的行为、心理，使其在潜移默化中接受共同的思想引导、情感熏陶、意志磨炼和人格塑造，产生一种巨大的向心力和凝聚力。

（一）大学校园精神文化在建设和谐校园中的作用

大学校园精神文化建设不仅能够陶冶大学生的情操，培养其协作精神和健康个性，还能够促进大学生的心理健康、提高大学生的综合素质，对大学生的健康成长有着巨大的作用。在大学校园文化建设中，物质文化、行为文化等是校园的表层结构，精神文化才是大学校园文化的深层结构。校园精神文化不仅能够陶冶师生的情操、规范师生的行为，还能够激发全校师生对学校目标、准则的认同感，以及作为学校一员的使命感、归属感，形成强烈的向心力、凝聚力和群体意识。同时，它对校园中每一个人的影响与管理的导向、凝聚、激励、

① 赵秀丕.新媒体环境下高校校园文化建设的机遇、挑战与对策[J].中国多媒体与网络教学学报（中旬刊），2019(2): 120-121.

约束等功能相吻合，对学生起着潜移默化的教育作用。因此，校园精神文化是一个学校的活力与灵魂所在。一个学校倘若缺乏校园精神文化，就犹如鲜花缺少水分的滋润，鸟儿缺少飞翔的翅膀，没有了发展的潜力，缺乏生存的活力。

大学校园精神文化建设包括两方面的内容：其一为硬环境建设，如高雅的建筑、现代化的教学设施、赏心悦目的绿化等；其二为软环境建设，如墙面、橱窗的环境布置，班级文化、组室文化的开展，制度文化的构建，以及大学校园文化活动等。显而易见，后者是更为重要的。精神文化是隐性的，必须依赖各种载体来体现，并作用于人们的思想，才能起到教育作用。大学校园精神文化亦是如此。建设大学校园精神文化既是全面提高大学生素质的需要，也是完善学校教育管理、创建大学校园文化建设平台载体的需要，在构建和谐校园中起着举足轻重的作用。

大学校园精神文化建设通过制度的制定和约束规范了大学生行为活动，有助于他们养成良好的习惯。完善的制度和积极向上的宣传氛围是良好的大学校园精神文化得以实施的保障和助推器，对大学生的生活、学习及思想言行具有约束和规范作用。在日常生活中，大学生会把规范的制度和健康的集体舆论作为自己行动和思想的一面镜子，时刻矫正和严格要求自己。另外，优雅美丽的校园环境同样能对大学生的行为起到引导和规范作用。

大学校园精神文化建设有利于大学生集体意识和协作精神的培养。大学校园精神文化建设是一项复杂而系统的工程，它的建设主体——每一所学校，对学校的集体形象提出了一定的要求。这就要求这个集体中的每一个人不但要注意自己的形象，而且要处理好个人和集体之间的关系，搞好相互间的团结协作，遵循少数服从多数、个人利益服从集体利益和国家利益的原则和宗旨，必要时甚至不惜牺牲生命以维护集体和国家的利益。这种崇高的集体主义信念会感染和影响到集体中的每一个人，有助于他们树立个人要服从集体、严于律己、宽以待人、"国家兴亡，匹夫有责"的集体主义思想观念，从而有利于和谐校园的构建。

大学校园精神文化建设有助于实现大学由环境美向情感美的升华。开放式、现代化的校园建设，独具匠心的校园布置，学生朴素大方而又不失现代流行元素的朝气蓬勃的服饰打扮，以及校园中纯净的空气、礼貌文明的语言交流、友爱和谐的人际交往，均可帮助和引导大学生鉴赏美、追求美、创造美。在对美的认识和追求的过程中，大学生会认识到美来自劳动，是社会实践的产物；会深刻领会到心灵美、语言美、行为美、环境美的内涵和意义；真真正正地理解诸如"大方""和谐""优雅""风度"等这些描述美的有关词汇的含义。

所有这些都在无形之中、时时刻刻感染和熏陶着大学生，使他们受到心灵的撞击并收获美，从而在实际生活中自觉地约束自己的言行，自觉地抵制各种不良风气和低俗的、消极腐败思想的侵蚀，使追求和创造美成为他们日常生活的需要，形成正确的世界观、人生观、价值观。

（二）大学校园精神文化建设对和谐社会的作用

和谐可以凝聚人心，和谐可以团结力量，和谐可以发展事业。和谐是我国传统文化中具有代表性的观念，是事物存在的最佳状态，也是一切事物的美好特点。实现和谐是古往今来人类孜孜以求的美好愿望，而调动一切积极因素构建和谐安定的社会也是中国社会主义事业所追求的理想。

1.建设校园精神文化是教育学生成材的需要

大学生是社会主义现代化建设的主力军。建设大学校园精神文化，营造大学校园文化积极向上、健康高雅、自强不息、艰苦奋斗的精神氛围，能够培养大学生健康乐观、积极进取的心态，提高他们的专业能力和文化素养，增强他们的社会责任感。加强和改进大学生思想政治教育，提高他们的思想政治素质，对于全面落实科教兴国和人才强国战略，确保我国在激烈的国际竞争中始终立于不败之地，确保全面建成小康社会，确保中国特色社会主义事业兴旺发达、后继有人，具有重大而深远的战略意义。

2.和谐校园建设促进和谐社会的发展

一方面，构建和谐社会为和谐校园建设提供了持续动力，一个幸福、和谐、公正的社会将为和谐校园的建设提供良好的外部环境；另一方面，实现和谐校园将直接为和谐社会的发展提供智力支持和技术支持。高等学校是社会大家庭中的一员，是社会这个总系统的子系统之一。高等学校在社会角色中的地位具有特殊性，在建设社会主义和谐社会中的作用举足轻重。大学精神文化的价值导向、凝聚功能、激励功能等独特的功能能够促进全体校园人团结和谐，为了共同的目标，齐心协力，营造出一个和谐文明的校园。这个和谐的校园环境必将带动大学校园文化的繁荣，使校园科研水平更强，培养出大批合格的、高素质的、建设和谐社会需要的创新型人才。这些人才在科技、政治、经济等不同的领域、不同的工作岗位上贡献自己的知识和才华，有助于促进和谐社会的发展。

3.建设校园精神文化是增强凝聚力的有力措施

大学校园精神文化是一所大学经过几十年甚至是上百年的历史凝练出来的全体校园人价值观和智慧的结晶，它的核心和灵魂就是"大学精神"。这种精神正是能够感召和团结校园人的力量，能使他们为了共同的目标团结合作，精诚所至。当代大学生缺乏的就是这样一种合作精神。

构建大学校园精神文化，营造高品位的文化氛围，让学生在这个氛围中去思考、理解、感悟、净化灵魂、升华人格、完善自己，能使学校在凝聚力、对内吸引力和对外向心力等各个方面得到发展。总之，加强大学校园精神文化建设、构建和谐校园是高校改革发展的重要任务，是构建富强民主文明和谐社会的需要。

大学校园精神文化建设是一项复杂、系统而长期的工程，它受到诸多因素的影响，最主要的有校园环境、校园制度、校园行为、校园精神等，除此之外，还受到西方文化的影响、网络文化的冲击、物质文化与大学校园文化的冲突等多元化思潮的挑战。本章主要从以上方面分析影响校园精神文化建设的因素，力求能够多方面、全方位地分析和了解影响校园精神文化建设的因素，为校园精神文化的建设寻找突破口。

三、大学校园精神文化培育的基本保障条件

（一）校园环境：校园精神文化培育的摇篮

一所大学的物质环境不仅包括教学楼、实验楼、图书馆、工程实训中心、文体馆、学生公寓、食堂、大学生活动中心等基础设施，还应包括一支德才兼备、学术造诣高深、知识渊博、具有人格魅力、具有无私奉献精神的教师队伍。梅贻琦指出："大学者，非谓有大楼之谓也，有大师之谓也。"竺可桢也指出："一个学校实施教育的要素，最重要的不外乎教授的人选、图书仪器等设备和校舍建筑。这三者之中，教授人才的充实最为重要，教授是大学的灵魂。"物质环境是大学校园文化中最直观的内容，它既是大学精神文化的物质基础，也是大学综合实力的重要标志。这一点在江苏工程职业技术学院得到了充分体现，尤其是该校建立的江苏工程职业技术学院文博馆更是校园环境作为精神文化培育摇篮的直接体现。该馆包括张謇职教思想陈列馆、沈寿刺绣传习馆、中家纺艺术馆、南通色织土布技艺馆四个特色分馆。其中，张謇职教思想陈列馆是一个以传承、弘扬与发展职教文化为己任的宝库，收集了从张謇创办实业与教育以来各个时期的史料、实物，展现了张謇持之以恒兴办职业教育的艰辛历程，体现了几代工院人的共同追求，对于强化高素质技能型人才培养具有现实指导意义。沈寿刺绣传习馆是一个承继张謇职教思想，集教育、创作、研究、保护于一体的特色场馆，体现了传统文化与时代精神的高度融合，有力推动了

沈绣（仿真绣）这一非物质文化遗产的传承与保护，为培养高素质的传承人和特色大学校园文化建设起到积极的促进作用。中家纺艺术馆从历史与现代、传统与时尚的视角对中国家纺文化遗产进行了较为全面、系统的挖掘与展示，共展出纺织、服装、家纺类文物 500 余件和江苏工院师生自主设计、制作的家纺作品，推动了当代南通家纺业继承民族传统、保持民族特色、不断创新发展的步伐。南通色织土布技艺馆分历史文化展示、技艺传承演示、产品研发陈列等主题展区，将静态展示和互动演示融为一体，展现了南通启海农家手工棉纺织的操作场景、技艺特点和智慧所在，有利于当代大学生弘扬民族精神、参与教学互动及艺术创作。

环境对教育的作用历来为教育家们所重视。中国古代教育家都十分注重环境对人的影响。谚语"近朱者赤，近墨者黑"和"孟母三迁"的故事更是家喻户晓。美国教育家杜威在其著作《民主与教育》中强调："社会环境无意识地、不设任何目的地发挥着教育和塑造的影响。"校园环境分为物质环境和人文环境。校园人文环境是指高校师生共同创建的一种特定的精神环境和文化氛围，属于校园精神的范畴。因此，此研究所指的环境主要是物质环境。

优美的校园环境能给人以愉悦的心情。提起大学校园，人们容易联想到的就是幽静的校园、绿树成荫的马路、美丽的人工湖、修剪整齐的草坪、绿荫参天的大树、别出心裁的假山、宽敞明亮的教室、散发着信息气息的宣传橱窗、干净而热闹的食堂、气派现代化的体育馆、馆藏丰富的图书馆、宏伟的教学楼群、神秘的实验大楼等独具一格的设施与建筑，以及学识渊博的教授、朝气蓬勃的大学生，再加上琅琅的读书声，身临其境，让人感到舒适神秘、心旷神怡，催人奋进，激发人的学习欲望和对知识的渴求。"借山光以悦人性，假湖水以静心情。"美丽的校园环境能陶冶人的情趣，提升校园人对美的热爱，使他们在不知不觉中受到环境的熏陶与感染，引领校园人追求心灵美、语言美、行为美。同时，良好的校园环境有利于大学校园文化的全面发展。宽敞明亮的教室、洁白的墙壁、干净的书桌板凳、绿色的草坪、草坪中"不要踩我，我也怕疼"的醒目标语都在无形之中时刻提醒大学生的言语行为，不要在墙壁上乱涂乱画、不要说脏话、不要随地吐痰等范规杜绝了不文明行为，加强了行为文化的建设。大学校园绝不只是一个漂亮、美丽的地方，还应是一个人与自然浑然交融的生态空间，是一个科学精神与人文精神交融的场所，是能唤起人的文化归属感、认同感的地方。大学校园中开放式的建筑和现代化的结构布局更能激发大学生的学习灵感和创新能力。有些校园的标志性景观和建筑甚至会成为一所学校的精神象征和文化内涵。比如，北京大学的"未名湖"和清华大学的

"清华园"都成为这两所百年名校的代名词，成为"自由""独立""进步"的代名词，成为莘莘学子向往的美丽的风景。因此，凡是著名学府都非常重视校园环境的建设和学校标志性建筑的设计，尤其是在建筑风格上都追求别具匠心，能够体现学校的特色。所以，物质环境是一所大学得以发展的基础和保证，是良好大学校园文化建设的物质依托。

（二）校园制度：校园精神文化培育的保证

大学校园制度文化是一种对师生工作、学习、生活及行为举止具有规范作用的文化，集中体现在学校的规章制度中。大学校园制度文化建设是大学校园文化建设的主要任务。大学校园规章制度作为大学校园文化活动开展的基础，是校园师生进行文化活动的准则，可以协调各方面的关系，规范校园人的行为，培养师生良好的行为品德，形成优良的校风，对大学校园文化的建设发挥导向作用。大学校园制度是大学校园制度文化的集中体现，校园制度对大学校园精神文化的影响深刻地反映在大学校园制度文化上。

大学的现代化过程中，一方面要促进对学校传统的改造，努力消除传统对现代化产生的滞后影响，实现在改造中继承学校的优秀品质；另一方面要防止对世界大学现代性因素的借鉴过度超前，防止脱离实际基础而出现破坏性局面。大学现代化关键是校园人的现代化，是校园人思想意识的现代化，是校园精神文化的现代化。校园人思想意识和精神文化的过度传统化难免会使人的思想过于保守与缺乏活力，最终影响学校的发展速度。校园人思想意识超越实际地提倡现代精神也会使人的思想产生极大混乱，同样会冲击学校的健康发展。因此，制度的相对稳定性能使制度文化发挥出制约两种极端现象出现的作用，保持学校精神文化整体的健康顺利发展。

制度文化是精神文化的载体，制度文化赋予物质文化以生命和活力，不能构建科学的制度文化，就很难建设高水平的大学。如果一个学校仅有优越的环境却没有严格的规章制度来约束和规范师生的行为，必然会导致学校纪律涣散、秩序混乱，可能引发学生滋长无政府主义、享乐主义与自由主义的错误思想。从管理学的角度来说，科学的校园文化制度能增强学校对师生的约束力、吸引力、凝聚力，有助于培养朝气蓬勃的学校风貌，增强师生对社会文化的辨析力和自控力以自觉抵制社会中各种丑恶的侵蚀，使他们能在复杂的社会中把握好人生的坐标。之所以世界一流大学能够拥有一流的教学，培养出一流人才，重要的一点是这些大学的校园文化建设早已纳入制度化和法制化的轨道。规则是校园精神形成的保证，规则意识是现代人必须具备的意识。

（三）校园行为：校园精神文化培育的基础

行为是人类在生活中表现出来的生活态度及具体的生活方式，它是在一定的物质条件下，不同的个人或群体，在社会文化制度、个人价值观念的影响下，在生活中表现出来的基本特征或对内外环境因素刺激所做出的能动反应。校园行为主要是指全体校园人在学校学习、生活等一切日常活动中所反映出来的活动特点、行为状态。校园行为是一种"活文化"，它通过校园人的语言、行为、动作、学习方法、待人接物、校园活动、科学研究等直接地展示了一所学校的本质，反映了一所学校的精神风貌。例如，整洁的仪表、端庄的仪态、文明的举止都会给外来人员留下一种印象：精神振奋、敬业爱岗、团队合作的良好形象。

因为学生是校园活动的中心主体，所以本节主要以探讨大学生行为为主来探讨校园行为与大学校园精神文化之间的关系。校园行为的文明程度直接影响到大学校园精神文化的发展主流和整体建设。校园行为一方面受到大学校园制度文化、大学精神文化等的影响和支配，反映一个学校校园精神文化建设的层次和水平；另一方面，校园的个体行为是校园精神文化的基础，对校园精神文化起到促进和辐射的作用，校园行为从价值观念、思想意识、日常习惯、道德情感等方面深刻影响着校园精神文化的建设。

（四）校园精神：校园精神文化培育的核心

大学精神是在大学的发展过程中长期积淀形成的稳定的、共同的追求、理想和信念，是学校被社会认同的基本特色；是学校生命力的源泉，是对学校的生存发展起决定性作用的思想导向；是大学校园文化中渗透和流淌着的那种厚重而无形的精神底蕴和启迪创新的内在机制，是大学的灵魂。大学精神是一所大学的灵魂和生命，有着丰富的内涵，但它又是无形的，是人们无法直接感知的内容。

校园精神一旦形成，就如一块磐石根植于每个校园人的心中，内化为一种坚强的内在的精神力量，同时通过各种形式和载体表现出来，并以其独特的导向、凝聚、激励和塑造等功能影响全体校园人的行为及价值观念。对校园精神的实质可以从以下三个方面理解。

第一，它是一所大学办学与发展过程中形成的稳定的办学理念与价值目标。每一所学校都有独具特色的大学校园文化，其办学理念和价值目标却往往贯穿于始终，是稳定不变的。例如，北京大学开放与批判的校园精神百年不变，正是这种价值观念引领着一代代北大人开放地接纳，批判地吸收，铸就了北大精神的基础，创造了百年名校的辉煌。第二，大学精神包含科学精神的思维方式。科学精神的本质要求是开拓创新，科学之所以有生命力、创造力，其根源在于不断开拓创新。正是这种开拓创新的精神使大学不论处在什么样的环境中都能够保持旺盛的生命力，引领学术潮流，保持着不懈的创新潜力。例如，清华大学从建校初到现在的历任教育家都秉承着一切从实际出发的办学理念，这种科学精神一直延续到今天，并被不断发扬光大。第三，它是大学校园文化与时代精神的融合。大学精神是一所高校在特定的历史阶段，面对特定的社会环境和需求，经过不断地实践融合提炼而形成的精神。它既传承着历史，又连接着现在，是全体校园人的精神寄托，它像空气和水分一样流淌在校园的每个角落，滋养着每一个校园人，影响着大学人的生活方式，同时从时代精神中吸取养分，不断补充营养。

四、大学校园精神文化建设的基本途径

我国社会主义现代化建设能取得今天这样辉煌的成就，离不开"物质文明和精神文明双管齐下，两手都要抓，两手都要硬"的英明决策，一所大学要实现长远的发展，同样离不开精神力量的支撑和引领。大学校园精神文化是大学文化的核心和灵魂，构建和谐型大学校园文化首先要大力加强大学精神文化建设。

（一）大学校园精神文化建设的原则、核心

1.大学校园精神文化建设的原则

"在大学精神文化的建设中，要体现继承与创新、共性与个性、形式与内容、理论与实践、理想与现实的统一。"[①] 第一，大学精神文化建设必须充分考虑文化的意识形态属性，坚持以马克思列宁主义、毛泽东思想、邓小平理论和"三个代表"重要思想、科学发展观、习近平新时代中国特色社会主义思想为指导。第二，必须保持和发扬中华民族优秀的传统文化。中华民族文化历经了几千年历史的凝练和岁月的沉淀，源远流长，博大精深，是我国广大劳动人民血汗和智慧的结晶。在大学精神文化的建设和创新中要把中华民族优秀传统文化的精髓发扬光大。第三，必须结合时代精神和国家对人才的需要创新大学精神文化。历史的经验教训告诉人们，创新才能进步，创新才能立于世界科技强国之林。当今中国正在自主创新的道路上踏步前进，正在由科技大国向科技强

---

① 高汉忠，梁飞琴.人文精神视域下校园生态文化建设的路径探析[J].高校后勤研究，2019(1)：53-55.

国迈进，创新已成为时代的主流。大学校园精神文化建设要迎合时代的潮流和国家的需要，努力建设具有创新精神的大学校园精神文化。第四，必须坚持文化的多样性和开放性。人类文明的发展历史已经告诉人们，任何民族和国度的文化都不可能孤立存在，对于外来文化，总是存在一个从对抗性的排斥到选择性的接纳，从营养性的吸收到全方位的渗透，再到反作用与反影响的过程。当前大学校园正处在文化大发展、大繁荣的时期，处在我国社会主义建设事业大踏步地建设世界强国的关键时期，大学校园文化受到来自世界各地形形色色的多元文化的影响和冲击，在这种社会文化环境的背景下，在建设大学精神文化的过程中，就要高瞻远瞩，只有"取其精华，去其糟粕"，既要立足于自身优秀的传统大学校园文化，又要借鉴西方及世界各地的先进文化，才能使大学校园文化更加丰富多彩，精神文化大放异彩。

2.大学校园精神文化建设的核心

要探讨校园精神文化建设的总体规划，需要弄清楚校园精神文化的基本要素，在此基础上，结合时代精神和国家需要以及我国高等教育的特点、规律制定切实可行的建设途径和总体规划，使大学校园精神文化的建设真正体现其建设原则。笔者以为，作为大学校园文化核心和灵魂的校园精神文化主要由价值观、理想追求、精神面貌、道德情感等组成，其核心问题是回答办什么样的大学和培养什么样的人的问题。

（1）高举爱国主义旗帜——校园精神文化的核心

弘扬爱国主义精神是学校精神文化的伟大而光荣的使命。翻开我国大学的发展历史，每一个阶段无不与祖国的命运息息相关，唇齿相依。"五四运动"的呐喊书写了中国历史崭新的一页；伴随着"民主科学""振兴中华"的口号，中华民族进入了新民主主义革命时期；在抗日战争时期，大学培养了大批有知识、有志向的爱国青年，为祖国的解放事业做出了重要的贡献；中华人民共和国成立后，各个大学进行了积极而富有成效的探索，培养了一大批祖国各条战线所急需的全能型人才；改革开放以来，大学顺应历史潮流，担负起"科教兴国""人才强国"的重托，为实现民族复兴、构建和谐社会承担了重大历史使命。大学对于推动社会进步的重要作用毋庸置疑。百余年大学的历史表明，爱国、进步、民主、科学的传统精神和勤奋、严谨、求实、创新的学风在大学校园里生生不息、代代相传，并且随着时代的发展与时俱进、不断创新，充分体现了高校精神文化的爱国特质。

（2）崇尚真理、追求科学——校园精神文化的鲜明特色

大学的至高追求在于探索人类奥秘、引领科技先锋、传播科学真理，它在

提高人们综合素质、促进社会进步、推动社会文明发展的同时，负有引导正确的社会价值观、规范社会行为的使命，是社会精神文明建设的眼睛，是人类精神的灵魂家园。大学的本质特色和核心使命在于对真理和科学的无限崇尚和至高追求，如果失去了这一特色和核心，大学存在的意义就将大打折扣，大学就不会成为令人向往和憧憬的地方。

（3）为和谐社会培养和谐的人——校园精神文化的重点

培养什么样的人才和如何培养这样的人才是大学校园精神文化建设的重点和核心问题。党的教育方针明确指出教育要培养德智体美全面发展的人。这一教育方针对人才的培养提出了明确的目标要求，要求创新性的新世纪人才须具备较高的思想政治素质、崇高的道德素质、良好的心理素质、精湛的业务素质和强健的身体素质。这些也正是构建和谐社会所需要的和谐人才的基本素质。只有和谐的人才才能推进社会的和谐发展，而和谐的社会环境更能促进和谐人才的全面提升。要全面实现教育方针所要求的人才培养目标，必须大力加强校园精神文化建设，使高校大学生树立正确的世界观、价值观和人生观，坚持运用马克思辩证唯物主义和历史唯物主义的科学理论，引导他们认清人类社会的发展趋势，坚信共产主义信念，在当前要牢固树立为构建和谐社会而努力奋斗、奉献自我的精神。同时要加强思想道德教育和法制教育，培养大学生的社会责任感和法制观念，使他们成为讲原则、重道德、明事理、有法治观念的构建社会主义和谐社会的高素质人才。

（4）服务社会、推动社会文明进步——校园精神文化的使命

明确学校在推动社会文明进步所肩负的重要责任和伟大使命是大学校园精神文化建设的一项重要内容。现在的大学已经改变了以往那种"两耳不闻窗外事，一心只读圣贤书"的与世隔绝的封闭状态，正从"象牙塔"中走出来，积极地融入现代社会的潮流之中，在社会政治、经济、科技、文教等方方面面发挥着举足轻重的作用，不仅仅在文化科技领域提供了坚实的理论研究，为我国科学技术的进步提供了强大的武器，而且培养了大批的社会主义事业的接班人，他们服务于祖国的各个角落、各行各业，为祖国的建设奉献着自己的知识和才华。大学的社会地位也随着其对社会的作用发生了显著的变化，逐渐由边缘化走向了社会的中心。社会对大学提出了更高的期盼。大学必须不断提升自己的实力，以自身的知识和科技优势有效地解决社会发展中所出现的问题，对社会施以更大的影响。同时，大学要积极地从社会中吸取"营养"，以增强大学自我发展的实力。

（二）大学校园精神文化建设的基本途径

精神文化是大学校园文化的灵魂和核心，是大学校园文化中最深层次的东西，它支配和影响校园物质文化、校园制度文化、校园行为文化，但它又受到物质文化、制度文化、行为文化的反作用力。因此，建设校园精神文化须从校园环境、制度文化、行为文化等方面入手，多管齐下，着力构建健康向上的校园精神文化。

1.营造优美和谐的校园环境

大学应当重视物质环境的建设，为师生们营造优美的富有人文特色的工作、学习、生活环境。校园环境建设要坚持以人为本、人与自然和谐发展的原则，做好校园建设规划，提高校园绿化美化程度，把校园建成既有历史底蕴又有现代气息，既适合办学又适宜人居的生态校园。校园要能展示学校的历史传统，创造育人的良好氛围。优美的校园环境是学校整体环境建设的一个重要组成部分，是先进的大学校园文化的外在标志，是全面推进素质教育、培养高质量人才的重要保障条件，是建设校园精神文化、加强学校核心竞争力的物质基础。

2.健全校园制度文化

高等教育的发展历史表明，要想建立一流大学，就必须建立一流的大学制度。制度文化反映了一所大学的调控程度、监控原则和管理张力，是形成大学校园精神文化的保障。正是制度具有这样一种规范组织管理的作用，凡善于管理大学之校长无不重视制度的建设。在当前，健全和完善校园制度文化应从以下几个方面入手。

（1）与时俱进，建立和完善新制度体系

社会在发展，时代在变迁，校园人的思想意识也在随着外部客观环境的变化而发生改变。学校旧的规章制度难免会出现与学校实际发展状况不相适应的地方，这就要求人们用发展的眼光看问题，在充分调研、广纳群言的基础上，大刀阔斧地对一些不合时宜的旧的规章制度进行修订和完善，建立与时俱进的、顺应时代潮流的、与学校发展相适应的新的规章制度，使一切校园活动做到"有章可循"。

（2）以人文本，彰显校园人的主体地位

校园制度文化建设的目的是更好地维护校园人的利益。因此，在制定校园规章制度、校训、校风、领导作风等制度文化的过程中，要坚持以人为本的原则，彰显人性化的设计；要以学生为主体，教师为主导，以规范的管理制度来促进教学。所有的校园人都应该按章程办事，严格履行各项规章制度。当然，在校园制度文化执行过程中要凸显出人性化的关怀，体现出人性化的特点。只有这样，校园制度才会得到全体校园人的维护，发挥出更积极的作用。

（3）从实际出发，注重校园制度文化的可行性

高校校园制度是校内法治与德治的最佳结合点，是为适应依法治校的要求，针对全体师生员工具有约束、指导、规范和协调作用的内部规定①。校园制度是对各项校园行为的规范和保障，一经公布，就必须贯彻执行，做到有章可依、有章必依、违章必纠，做到令行禁止、赏罚分明、秉公办事、不徇私情。因此，在制定各项规章制度时就要从实际出发，制定切实可行的规章制度，充分考虑制度的可操作性、合法性和合规性，综合考虑大学校园文化及每一所学校自身的发展历史及现实状况，调动一切积极因素，避免或克服一切不良因素的影响，力求在制度的内容上做到全面、规范、合理，在思想内涵上做到相互协调、互相补充，制定切实可行的校园制度。

学校建立了干部作风、职工作风、教风、学风建设实施细则等制度，对教职工的日常教学和各项工作提出了严格要求和规范，使师德师风建设有了可靠的保障。《学士学位授予暂行规定》《学生参加各类竞赛的奖励办法》《本科生课外8学分实施办法（试行）》《大学生课外活动管理暂行规定》《毕业设计（论文）工作条例》等规章制度不仅为一切校园活动和教学管理提供了政策保障和制度保证，而且强有力地促进了学校良好教风、学风、考风的形成，为学校的稳定和学生的健康成长营造了良好的氛围，对于促进学校的改革和各项事业健康、快速、持续发展起到了重要的保证作用。

大学校园精神文化建设是一项长期的、系统的、复杂的工程，要保证这项工程的顺利实施，必须有健全的规章制度和完善的保障机制。因此，在加强大学校园文化建设的同时，必须强化管理机制、加强制度建设，这是大学校园精神文化建设的保证。不断完善大学校园精神文化建设的政策和措施才能切实解决大学校园精神文化建设过程中遇到的实际困难和问题，从而推进大学校园精神文化积极健康发展。

3.加强校园行为文化

大学校园行为文化既受到社会大环境的熏陶，又受到大学校园制度文化和大学精神文化的影响和支配。大学校园行为文化建设应该从多方面出发，通过多种渠道，围绕社会主义核心价值体系加强思想政治教育，传播先进文化，弘扬传统美德，树立校园正气，培育良好的校风、学风和校园精神。

---

① 张小雨.自媒体时代大学文化建设研究[D].武汉：武汉理工大学，2018.

当代大学生是未来社会主义事业的接班人，他们的一言一行关乎着他们的未来和祖国的命运，只有从小事做起，从身边的一点一滴做起，不断加强和提高自身的修养和素质，才能成为合格的德智体美全面发展的社会主义事业的接班人。加强大学校园行为文化一方面可以丰富大学生的业余文化生活，另一方面可以营造积极向上、健康优雅、充满活力、体现社会主义核心价值观的大学校园文化氛围，使大学生在参与大学校园文化活动时能够不断提升自身的素质，为校园精神文化的建设提供肥沃的土壤。加强大学校园行为文化既是建设大学校园精神文化的需要，也是当代大学生提高自身素质、加强自我修养的现实需要。

4.构建健康向上的校园信息网络文化

在新时期的大学校园，网络已经成为大学生校园文化生活不可或缺的重要组成部分，甚至占去了大部分的课余时间。因此，建立健康向上的校园信息网络文化，引导大学生利用好网络平台、网络信息资源，扩大视野，提高自身素质，充实精神享受，是当前乃至今后一个时期大学校园精神文化建设的重要任务。

第一，建立大学生健康教育中心网站，设立心理健康网上咨询热线，定期或不定期地邀请心理学专家或相关教师在网上与学生进行交流互动，排除大学生心理困惑，缓解压力，释放情绪，培养大学生阳光健康的心理素质。

第二，积极主动地占领网络教育阵地，建立一大批思想政治理论教育的专业网站和网络体系，丰富网络教育资源，让那些具有良好社会意义和德育功能的网络信息熏陶和影响大学生，辅之以其他教育软件和自制的专门网页，将大学生所关心的时政热点、要点新闻、就业等社会问题建设成特色网站，供学生浏览、下载等，从而达到弘扬主旋律、发扬和传承中华民族优秀传统文化的目标，促使大学生扩展视野、拓宽信息领域、确立正确的世界观和价值观。

第三，优化网络资源，广泛开展各种网络科技创新活动，引导大学生积极热情参与，提高他们的科技创新能力。比如，陕西科技大学依托网络课程建设平台开设了英语自主学习系统、高等数学 A4 教学平台，在校园网建设了"校园 VOD""就业指导学堂""设计展览"等数目众多的特色网站，使之成为学生课外学习的"第二课堂"，同时开展了电脑鼠标走迷宫、数学建模竞赛、机械创新设计大赛等活动，引导大学生广泛参与，让健康高雅的文化艺术充实网络空间。这些活动使校园网成为了一条沟通管理、教学科研和校园文化活动的"信息立交桥"，在教学、科研与管理中发挥了重要作用。

5.加强和改进大学生思想政治教育

《中共中央国务院关于进一步加强和改进大学生思想政治教育的意见》明

确指出，加强和改进大学生思想政治教育是当前乃至今后一个时期一项重大而紧迫的战略任务，要以爱国主义教育为重点，大力弘扬和培育民族精神，大力建设校园文化，以大学生全面发展为目标，深入进行素质教育，培养大学生树立正确的人生观、世界观和价值观。

（1）大力开展学生思想道德教育

学校十分重视思想政治理论课建设，长期以来思想政治理论课坚持"重点突出，多层次展开"的教学方法，坚持教学实践贯穿课内外，在课堂上阐述基本原理，在课外以丰富多彩的形式强化教学效果，取得了满意的效果。同时，加强学生工作队伍建设和学生中的党建工作，建成了一支专兼结合、结构合理、相对稳定的学生思想政治工作的队伍，为保持学校稳定和保障大学生思想道德教育发挥了积极作用。充分发挥校院两级党团组织和党校的作用，开办党校，培养入党积极分子，广大学生党员在校风、学风建设中发挥了模范带头作用。

（2）高度重视学生文化素质培养

学校非常重视学生文化素质的提高，在通识教育课中开设了科学与文化、文学与艺术、民主与法治、公民与社会等类课程，邀请樊代明院士等国内知名专家学者为学生开设专题讲座和周末经典课堂，得到了大学生的积极响应，丰富了大学生的业余生活。

学校积极组织并鼓励支持学生开展各类文化艺术活动。举办新年音乐会、国庆室内音乐会、国家京剧院"高雅艺术进校园"演出活动、"创先争优奉献世园"主题实践活动等，这些活动提高了学生的文化品位、审美情趣、人文素养和科学素质，丰富了校园文化，推动了学校校园精神文化的建设。

（3）引导学生培养健康心理素质

学校高度重视学生的心理素质问题，通过各种渠道积极采取各种措施对学生的心理健康进行引导和教育。开通了大学生心理健康教育中心网站，设立了心理健康网上咨询热线，成立了心理健康教育教学小组，开设了"大学生生活心理学"课。通过这些措施有效地预防和减少了学生心理疾病的发生，促进了学生的健康成长，广大学生逐步形成了自尊、自爱、自信、自强的心理品格，呈现出了良好的精神风貌，也有力地促进了学风和校园文化建设。

第二节　物质基础：大学校园物质文化建设

一、校园特色物质文化

（一）校园特色物质文化含义

校园特色物质文化在目前的学术界还没有得到明确的定义，在上文中，笔者给出了校园物质文化的含义，校园物质文化是校园环境建设中的一部分，它是指校园建设硬件设施的配备展示，是大学校园文化的载体。一所大学首要的任务就是教学，学校水平的高低完全体现在教学水平上，教学水平的体现一部分要靠毕业生的素质展示，而其余部分则要靠大学向社会展示的校容校貌。校园的硬件设施直接反映了这所大学的核心思想和核心价值，是对这所大学总的体现。关于校园文化的含义，学界的研究很丰富，值得人们去关注的一次学术盛会是1986年4月在上海交通大学举行的学术交流会议，参与大会的学者都参与了校园文化课题的讨论，要求加强校园文化建设，于是，"校园文化"概念被正式提出。由于学者的个人立场不同、想法不同，进而提出了以下几种观点。①

（1）校园文化是由学生这一特定的社会群体在学校这一特定的环境中所创造的社会文化，是校园意识形态的总和。

（2）校园文化是校园中具有学生特点的精神环境和文化氛围，是学校在管理及整个教育过程中逐渐形成的特定文化氛围的文化传统。

（3）校园文化是指在学校工作、学习和生活中全体成员创造的，具有新的内容和独特形式，以不同形态存在，以最小独立单位组成的复合体。

（4）校园文化是人们创造的以特定主体（教师、学生及职工）为载体的物质财富和精神财富的总和。在这里，校园文化包括校容校貌、教学内容、管理制度、全校师生员工所共同遵守的价值观念准则以及由此产生的学校精神氛围。

这里面的文化含义虽然很片面，但是有一点笔者认为很可取，就是（4）

---

① 马笑南，吴双，李凡，等.大学校园文化的自我展现和传承研究[J].山东工业技术，2019(11): 237.

中的"物质财富和精神财富的总和"。文化是一种财富，是全体校园人与人"传宗接代"的财富。经过比较和研究，笔者认为下面这个定义概括得比较全面，揭示了校园特色物质文化的主旨。校园特色物质文化是指大学校园的物质环境，它是由学校的各种物质设施和环境构成的，是以各种客观实体存在的形式表现出来的文化景观。它是大学长期办学过程中制度与精神的独特物化体现。对校园特色物质文化要这样定义：校园特色物质文化作为特定的某一群体拥有的文化现象，不仅具有所有文化的共同属性，还是一种特有的群体所拥有的，通过某种特殊"手段"体现出来的，经过"千锤百炼"才得到的"来之不易"的"独一无二"的文化氛围。

（二）校园特色物质文化特点

1.传承性

校园特色物质文化具备文化所具有的一切特点，有着与众不同的个性，经历过"去其糟粕，取其精华"这一过程，经得起考验。校园特色物质文化经过各种文化思潮交汇、社会发展变革形成了一种贯穿始终、千锤百炼、无法改变的系统，并且这一系统还将以这种形式继续传递下去。

特色文化一定是受到了广泛认可且与众不同。文化传承不是原封不动地承袭传统文化，而是要有所淘汰、有所发扬，从而使文化得到发展。继承是发展的必要前提，发展是继承的必然要求。继承与发展是同一个过程的两个方面，在这一过程中要把握好文化继承与发展的关系，批判地继承传统文化，不断推陈出新。一方面，人们不能离开传统文化空谈文化创新；另一方面，体现时代精神是文化创新的重要追求。

2.承载性

物质是精神的物化载体。人的精神是依靠物质的肉体而产生的，精神无法离开物质，物质是精神的载体。校园特色物质文化作为一种特殊的精神，同样需要有物质对其进行"代表"。

首先，校园的精神除了通过媒介和固定途径向外传播，更多的是通过校园固定建筑和生活配套设施展现。其次，校园特色物质文化本身来源于大学基础建设，大学的物质结构体现着校园特色物质文化。最后，大学物质建设的根本目标是育人，校园特色物质文化是大学文化的一部分，也是以育人为目标，二者为共同目标努力。

3.兼容性

校园特色物质文化是一种有容乃大、无所不容、会"呼吸"的元素。大学作为社会的重要组成部分，是一个容纳性很强的全新革命性系统。在这个充满活力和生机的革命性系统中，就是凭借着这种有容乃大的包容性，不同的学科专业才得以施展，各种来自五湖四海的思想得以在这里汇聚，分门别类的科技在这里得到共同的展示，各种物质文化融汇成具有特色的文明，使校园物质文化充满"包容、大气"的特质。

首先，一个文化有其合理内核。每种文化都有其存在的理由。对于校园物质文化，无论是创新文化还是历史传承，无论是主流思想的物化体现还是非主流思想的涂鸦之作，在大学这片沃土中都得以并存。其次，校园的物质资源是师生共享的资源，校园内无论是生活区资源，还是教学区的设施，只要是以"求学""求知""求真"为目的，都可以免费使用。最后，校园特色物质文化能够接受外来思想，对外来文化进行吸收，取其精华，去其糟粕，进而为自身的发展提供有益的帮助。

4.专属性

校园特色文化的核心价值就是"特色"，所谓的特色文化就是那种"我有你无，你有我无"的专属性文化。首先，大学作为文化传播的终端，就应该具有诞生文化的资本。所谓的诞生文化，就是指产生与众不同的新文化。这些"新文化"以物化的形式展现出来，使身处此处的师生心灵受到感染，然后将其本能地通过著书、讲学的形式传播到五湖四海，从而使整个世界通过这种专属的特色文化认识这所学校。其次，大学的特色物质文化不仅在教育系统中有独树一帜的风貌，在本地区的物质建设当中也会有独特的建树。大学本身就是产生文化的地域，其接触的文化领域是最前沿的。在该地区，人们对大学的认识往往会与某条路、某座山、某片湖或者某些名胜古迹等关联起来，大学依托这些景观进行建设就会使这些自然景观及建筑与大学文化融为一体，使其理所当然地成为大学特色物质文化的一部分，也成为大学的地标性建筑，成为其专属的一部分。最后，大学物质文化的物化形式包括校园主楼、图书馆，以及独有的特色实验室等。这些大学校园文化载体都具有一个很重要的功能，即能够实现大学校园物质文化的专属性。

（三）校园特色物质文化内容

作为大学校园特色物质文化的重要组成部分，富有特色的大学校园景观文化建设、独具一格的校园室内环境的营造对大学校园特色物质文化建设与发展具有十分重要的作用。对二者进行探讨有利于大学特色校园物质文化的发展与繁荣。

1.富有特色的大学校园景观文化建设

一所环境优美的院校给人的印象最深的往往不是高楼林立或是气派的正门，而是学校里面特色的景观搭配。特色是不同事物之间在一定的条件下具体、动态、相对、辩证、突出性的统一，是一个事物或一种事物显著区别于其他事物的风格、形式，是由事物赖以产生和发展的特定的具体的环境因素所决定的，是其所属事物独有的。这是辩证唯物主义和谐观的基本观点。因此，富有特色的大学校园景观文化建设是校园特色物质文化建设的基础。

富有特色的大学校园景观文化包括以下几方面内容。一是富有美感的环境文化，主要是指高密度植被绿化带、绿色草坪、整洁完备的体育场、富有概念主义的实验楼、理想的生活设施等。二是搭配科学的环境文化，这是指建筑群落设计科学、校园园区规划合理、一切以有利于教学而建等。三是形式多样的环境文化，主要是指种植文化、水文化、石文化、雕塑艺术、纪念景观等优雅的自然景观和人文景观。四是特色化的与科学教育研究密切相关的物质形态。

2.独具一格的校园室内环境的营造

随着时代的发展，传统的灌输式的教学已经无法满足现代大学的需求，大学更加注重环境的影响。教学楼室内环境的营造是校园物质文化中直接作用于教书育人的内容，因此室内环境的营造便成为校园物质文化建设的重中之重。

对于大学生来说，他们的人生观、世界观、价值观仍在经历觉醒、确立、蜕变的过程。因此，良好的室内环境氛围对帮助大学生确立崇高的人生理想、健全的人生哲学、积极的人生态度都是极其有益的。教学楼内教学器材、点缀的壁画、生活物品等的摆放只要得当合理都可以起到感染熏陶的作用。例如，以往教学中教师喜好使用黑板作为信息的传输工具，但是黑板的颜色是黑色，容易营造出一种压抑的氛围，不利于学生对知识的吸收。而且黑板教学使用的是粉笔，粉笔在被使用的过程中会散发粉尘，严重影响师生的健康。所以，很多院校考虑到这个问题的存在，将黑板更换为白板，这样既营造了明快而又积极的教学环境，又节约了能源保护了教学环境。以往教学楼内的地面是水泥地面，考虑到学习氛围对大学生学习状态和实用性的影响，将其更换为明快亮丽的瓷砖地面，既能营造出一种充满希望、活力四射的学习环境，又能起到恒定室温的实际意义。大学生生活其中，不知不觉地在思想观念、心理素质、行为方式、价值取向诸方面都受到熏陶、感染，而这种灵魂的感化完全不同于知识的灌输，它只能靠校园物质文化环境的熏陶形成心灵的感应、情感的升华、思维的焕新，从而实现大学时代良好性格的升级。

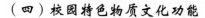

（四）校园特色物质文化功能

校园物质文化是一种物化的群体文化，是大学发展进程中创造的园区环境和室内环境的总和。校园物质文化的功能就是育人。它的发展对师生的思想品质、生活情感都有潜移默化的影响。校园物质文化一旦形成就会产生巨大的力量，它能使学生的心灵得到净化、心志得到改善、情操得到陶冶、视野得到拓宽、品位得到提升，那些消极、颓废的文化就能得到有效的抑制。爱美是人类的天性。优美的自然环境具有陶冶学生心灵、熏陶学生行为、启发学生美好想象的作用。绿化、净化、园林化、知识化可以让校园的一景一物、每堵墙壁、每个角落都在无声地"说话"。应通过发展校园物质文化建设，优化人际环境，注重"环境文化"建设，发挥校园物质文化的熏陶功能，让校园成为学生流连忘返的花园、温暖的家园和幸福的乐园。

二、加强校园物质文化建设的措施

下面将从两个方面进行阐述。第一方面是大学校园物质文化建设的原则，在这一部分主要讲校园特色文化的建设要义，也就是建设要紧紧围绕的原则，且不能超越或者偏离这些原则；第二方面是大学校园物质文化建设的措施，针对现在建设中产生的问题，结合原则，相应地提出具体解决办法，为今后的建设提供借鉴。

（一）大学校园物质文化建设的原则

1.方向性原则

大学校园物质文化建设坚持方向性原则，必须要做到三个坚持。

（1）大学校园物质文化建设必须坚持中国特色社会主义理论作指导

自改革开放以来，中国在共产党的领导下发生着日新月异的变化，由过去的一穷二白到现在的小康社会，由过去的阶级压迫到现在的人民当家作主，充分证明了中国共产党是一个为人民服务的党，充分证明了中国共产党的执政能力。大学校园物质文化建设离不开中国特色社会主义理论的指导，从中华人民共和国成立前的 210 所大学，到现在的近 3 000 所，充分印证了中国对教育的重视程度，也证明了中国在校园物质文化建设中的实力。以一个本身具有特色的理论去指导大学校园物质文化建设，使其形成自身的特色文化，是极为恰当的。只有高校的特色在中国特色社会主义理论指导下完成，才能保证校园建设具有民族精神和时代精神的深刻内涵，才能保证社会主义荣辱观为建设成败的评判标准，才能保证大学政治方向的正确，才能保证追随的是先进的文化，才能保证今后培养的是政治合格、思想进步、素质过硬、有社会主义特色的新青年。

（2）大学校园物质文化建设必须坚持以促进党的教育方针全面贯彻落实为目标

大学是祖国未来的接班人的诞生地，肩负着培育"四有"新人的重要使命，因此大学物质文化建设必须认真贯彻党的教育方针，使即将步入社会的青年一代在充满祖国气息的环境中以面向世界、面向现代化、面向未来的气势接受教育，使之成为德智体美全面发展的社会主义接班人。

（3）大学校园物质文化建设必须坚持以服务社会为己任

大学物质文化建设最终目的是向社会输送合格人才，因此只有大学校园物质文化建设以为社会培养人才为出发点，主动地为社会经济发展做贡献，才能体现出其自身价值。

方向性原则体现的是大学校园物质文化建设的根本性质，是我国大学建设的基本要求，只有保证中国共产党的领导，以中国特色社会主义理论作指导，才能保证大学的稳定与发展，才能抵御各种不良文化对大学的影响。相反，离开了中国特色社会主义理论这个指导前提，大学物质文化建设就会出现问题。所以，任何时候都必须坚持中国特色社会主义理论作指导。

2.主体性原则

人是社会的主体，任何社会的发展都无法离开人的决策。大学校园物质文化建设同样靠人做发展的推手，除了大学领导，起主导地位的人就是广大师生。主体性原则就是要充分利用和调动广大师生的爱校热情，激发他们内心的灵感和创造潜力，对大学校园物质文化建设起到关键作用。同时，广大师生广泛参与能使其思想渗透到大学的灵魂当中，从而真正地形成自己的特色文化。充分发挥人的主观能动性，坚持主体性原则，是大学校园物质文化建设中的一项基本原则。人在大学建设中不仅是主动实施者，还是大学建设成绩的受益者，应充分发挥人的开创精神，让其深刻感受到这是一项受惠于己的事业，相信大学校园物质文化建设必定能够蒸蒸日上。

首先，发挥大学领导的首创精神。大学领导是大学行动的直接参与者、任务的决策者、命令的下达者，是最直接、最有权力、最了解大学详情的人。大学领导所思考的层面往往要高于一般人，他们会从一个整体而全面的角度考虑问题，会将问题放到一个战略的层面去分析，而这些是一般人做不到的。大学领导第一个对大学校园物质文化建设提出意见不仅有助于更好地引导其他人为大学校园物质文化建设献计献策，还有助于提高整体建设效率。而且发挥大学领导的首创精神更有助于鼓舞全校师生在大学校园物质文化建设上充分发挥自己的作用，在行动上起到表率作用，具有现实意义。

其次，发挥大学生在大学校园物质文化建设中的创新精神。大学生既是大学的教育接受者，也是大学的中坚力量。青年人的思维敏捷，头脑丰富，具有极强的创造力，接受新事物快速，否定消极事物果断，并且具备很高的群体意识。在大学校园物质文化建设中，人们应该充分重视大学生的创造能力，挖掘大学生的创造潜能，让大学生积极地投入到大学校园物质文化建设当中，在实践中学习创造，在现有环境熏陶感染下进行再学习再创造，把创造的成果运用到大学建设当中。

最后，最大限度地调动大学教师的创新热情。大学教师是大学灵魂的缔造者，是高校文化的继承者和传播者，同时是大学的主人。大学教师大都是才华横溢、知识广博的学者、教授，有些还是院士。他们对事物的判断准确，经验丰富，见多识广，而且有很高的道德情操，这些对于全面考虑大学校园物质文化建设是极其重要的。所以，充分调度教师的创新热情就是为大学校园物质文化建设提供最直接的保障。

3. 系统性原则

系统性原则是指大学校园物质文化建设是一个系统性的工程，由很多方面共同形成一个体系。这些方面各显其能，使大学校园物质文化的职能得到充分发挥。坚持高校特色校园物质文化系统性原则就是要求人们在对大学校园物质文化建设时整体构思、整体规划、整体设计，在大学领导的统一指挥下统筹规划、全盘考虑、科学布局、突出重点，努力将大学校园物质文化建设推向一个新的高度。

大学校园物质文化是一个整体，包括教学楼、图书馆、师生生活区、大学景观等。教学楼或者教学主楼是高校校园物质文化的标志，是整个校园的"中心思想"，以其独特的风格和独到的文化影响着师生的日常生活；图书馆是一所大学实力的见证，通过藏书能力和建造规模表现该所大学的文化程度和学习氛围，师生在图书馆学习营造出的学习氛围对大学的文化起到一定的烘托作用；生活区作为课外生活的写照，是对教学区和图书馆以外生活的一种总结。快节奏、高效率的学生生活，奔走于图书馆、寝室、食堂的"三点一线"的大学校园文化都将这些独立的场所"系统"起来；大学景观虽然与科研教学关系不大，但却是校园整体的艺术家，离开了校园景观，校园就没有高校的风采，就没有自己的灵魂，就无法衬托出大学的学府氛围。另外，还有很多大学元素，它们都在"系统"中扮演着各自的角色。

4.创新性原则

创新性原则是要求大学在深刻掌握社会发展规律的前提下从自身出发，结合时代特征，创新自身的内容和形式，不断提高大学校园物质文化的发展潜力。创新是一个民族进步的灵魂，是一个国家兴旺发达的不竭动力。[①] 只有不断创新，国家和民族才更具生命力。大学校园物质文化建设的生命力在于创新，大学只有结合自身的特点，参考别人的长处，才能不断地推陈出新，创造出不朽的生命力。高校一方面要调动广大师生力量，充分发挥师生的创造意识，将自己的学问用在大学建设中，鼓励师生的创新精神，形成有创新氛围的校园环境；另一方面，大学校园物质文化建设的主体也要不断地创新。大学在特色物质文化建设方面要听取多方面的意见，以及不同层面人的想法，不能局限于专业人士思维，非专业性的思维有时也具有一定的创造性。广开言路，集思广益，才能收纳更多具有特色性的创新点。

总得来讲，无论哪种创新最终都要向"育人"的目标过渡，最大限度地为培育优秀合格的社会人才服务。高校特色校园物质文化建设要不断地适应新形势的变化，针对新形势结合自身做新的调整。大学文明是社会的先驱，在自身创新的同时，要注意对社会的影响。此外，大学创新也要结合自己的历史传统，保护优秀传统的同时，对其进一步研究思考，赋予这些古老文化新时期的意义，让其焕发活力，产生新的动力，为大学校园物质文化发展增添新的氛围。

5.开放性原则

开放性原则指的是大学校园物质文化建设不能在一个封闭的环境下进行，而要在一个开放的环境下进行。大学校园物质文化建设必须履行开放性原则，一方面，要充分重视与其他文化结合的必要性，如企业文化、军旅文化、艺术文化等。通过对这些文化的吸纳和借鉴，丰富自身，产生突破，从而诞生出自身的特色。大学校园物质文化置身于社会，即便不去结合其他文化，也会被各种文化感染，无目的性的感染极易受到腐化思想的影响，因此在这方面需要让大学校园物质文化建设主动融入其他文化。另一方面，要将大学校园物质文化建设投入到社会中。在社会中会有不同的思维评判大学建设，社会各个阶层对大学校园物质文化建设提出意见，可以对建设中的不足给予更公道、更公正、更客观的评价。和社会各阶层的交流，可以有效提高大学的知名度，以高知名度作为宣传特色文化的跳板，进而可以实现从社会募集资金以及实现人力资源

---

① 李俊池.新时代我国大学文化建设研究[D].西安：西安科技大学，2019.

的需求。

综上所述，大学校园物质文化建设的五大原则相辅相成，共同为大学校园物质文化建设提供理论依据，使大学校园物质文化建设在政治上能按照正确的战略方针实施，保证不走弯路、不走邪路；保证其在规划上具备科学性、合理性；保证在教学科研上体现"以人为本"；保证最大限度地激发大学物质文化创新；保证大学校园物质文化建设和社会保持沟通。只有遵循这些原则，大学校园物质文化建设才能顺利发展。

（二）大学校园物质文化建设的措施

1.提高对大学校园物质文化的认识水平

首先要提高人们对大学校园物质文化的认识，只有认识到它的重要性，建设才会有意义。基于以上研究，笔者认为首先应该正确处理好三者之间的关系。

大学校园物质文化建设需要革命传统作理论基础。其一，中国共产党是一个优秀的政党，有着优良的革命传统，艰苦奋斗、自力更生等精神无不说明中国共产党的先进性，大学校园物质文化建设需要这样的优秀理论作行动指导。其二，高校培养的是社会主义的接班人，在文化感染上就一定要有优秀的革命传统。其三，历史的决定，中华民族几千年的历史传统中就包含艰苦奋斗这样的传统。

大学校园物质文化建设同样需要新文化的支持。人们要正确处理好大学优势属性与大学主题之间的关系。一方面，大学有些本身属性能以物化的表现形式作为特色展现，而有些则无法展示；另一方面，大学的主题是育人与科研。首先，大学校园物质文化建设内容可以体现优势属性，但绝对不可以拘泥于优势属性。其一，有些优势属性是无法以物化形态表达的，只能用言辞传达，甚至是铭记于心的精神；其二，优势属性只是本高校强势学科的代表，并不能完全涵盖其精神。其次，大学校园物质文化建设应该体现大学主题。大学的存在是为了科学研究和教书育人，这两点很容易以物化形式体现出来，大学校园物质文化建设是最直接最可靠的环境育人建设。

大学处理好以下三种关系后就可以提高人们对大学校园物质文化的认识。

首先，要提高大学领导的认识。大学领导必须充分认识到大学校园物质文化是大学校园文化的重要组成部分，建设完美的大学校园物质文化对于发展中国特色社会主义的先进文化、贯彻落实党的教育方针、培养优秀的社会主义接班人、推进素质教育、促进大学生全面发展、实现教育目标、进一步推动大学自身发展具有重要意义。要想提高大学领导对大学校园物质文化的认识，应该做到以下三点：①大学多组织领导出国考察，到西方教育先进的国家学习交流；②国内组织系统学习交流会，一起研究成功案例；③重点要培养领导的现代审美，使其形成科学正确的审美思想。

其次，要提高师生的认识。建立健全以团委、学生处为主的大学校园物质文化建设的指导性机构，设立以学生为主的特色文化研究学生组织。学校要重点搞好两个工作：健全组织，系统学习。具体而言，要做好以下几点。第一，要培养一批具有高尚的道德品质、较高的政治水平、过硬的专业知识、丰富的实践经验、通晓大学建设规划的管理者，这是大学校园物质文化建设不可或缺的软件设施。第二，要重点抓好教师和学生两方面的带头人，经常组织这两方面的带头人在本高校开展研究，并及时将研究成果做全校公开汇报，使全校师生第一时间了解本校的特色物质文化建设研究情况。第三，要千方百计调动大学生的积极性，搞好大学校园物质文化建设。大学生是大学校园物质文化的受益者，他们对大学建设的感受是最直接的，要及时收集大学生对大学校园物质文化建设的意见，对于提出建设性意见的大学生要给予精神和物质上的奖励。

最后，要提高全社会对大学校园物质文化的认识。具体要做到以下几点。①加大社会宣传力度，要让全社会都清楚地认识到大学依托社会进行建设，并且最终服务社会，是社会不可或缺的一部分，走出校园的年轻人将承担建设社会的重任，今日大学的风采便是明日社会的辉煌。②组织高校人员步入社会参与社会活动，为大学校园物质文化做特色宣传。③在大学四周设立特色物质文化宣传牌，让更多的人关注大学校园物质文化建设。社会对大学校园物质文化建设的认识不仅仅依靠双方的宣传和交流，更多的是靠大学自身表露在外部的物质建设。

2. 完善大学校园物质文化建设的部署规划

针对大学校园物质文化建设的规划问题提出以下几点对策。一是大学应该经常组织人员走访国内其他高校，交流学习特色物质文化建设经验，同时要组织人员到国外知名大学参观交流；对于国外的新建筑，要及时做跟踪记录，对其投入使用后该校学生科研就业等情况进行系统的分析，找出内在联系，用科学的方法分析该方案是否适用本校，并及时将最新信息传到网上，以便业内更好的交流。二是要组织大学领导学习建设规划的相关知识，只有丰富了知识，开阔了眼界，才能更好地领导特色物质文化建设。大学的领导集体应该对大学校园物质文化建设高度重视起来，在会议当中给予时间做充分讨论，并选出经验丰富的领导专门负责此事。三是大学要与当地政府部门保持密切联系，时刻把握周边建设情况，以便对本校做出相应的调整。鉴于全国各地建设速度快，大学应该每月都关注校园周边变化，提前了解市政区域规划信息，以便在校园规划设计上做出回应，尽快拿出适合校园周边的建设方案。

针对大学校园物质文化建设的设计问题提出以下几点对策。一是领导要高度重视设计的实用性和其具有的美学意义。实用性高的建筑会给人更多的亲密感，建筑的美学意义在思想传播上起着至关重要的作用，这些应该被大学的决策者重视起来。二是组织本大学基建部门和设计部门，研究学习本大学校园物质文化发展史，从历史的角度出发，找出可以借鉴的特色物质文化。本校的历史是确定本校发展方向的重要依据，应仔细研究本校历史，从中找出本校发展建设规律，从权威的角度仔细研究。三是在建设之初多招募一些国内外优秀的设计团队，为本大学提供技术借鉴。技术上的优越性是完美建设的保证。现代优秀的设计师往往都会考虑到人的感受，人在建筑中起主要作用，占主要角色。其设计会充分地展示建筑中的人文关怀，以及在日后生活中人的感受的变化。四是大学可以搜寻国内外更多的大学优秀设计案例，尤其是近期的古建筑改造成功案例和节能环保型主体设计案例。改造的经典案例是值得我国学习的，由于我国发展速度过快，有些建筑资源被浪费，在大学校园物质文化建设中产生了负面影响。变废为宝不仅能解决建筑资源和土地资源问题，还能在人们心中树立节约的理念。

3. 加大大学校园物质文化建设的经济投入

大学建设的经济投入出现问题主要有两方面原因：一是经济投入不足，二是投入的分配比例不合理。合理的经济投入一定会使高校特色校园物质文化建设产生一定的变化，具体从两方面着手。第一，提高整体性的经济投入，对几个主体项目加大投入：①大学校园物质文化建设开展的是有灵魂的特色项目，其设计费用和建设费用都应该有所提高；②为了更好地开展科研、教学，实现"校园科技风景线"，要建设完善各种教学设施，经费应该提高；③投入校园绿化的经费需要加大，个性化建设投入增加，具有感染力的项目投入增加，应将校园绿化作为重点经济投入对象，加大适合本地生长的植被购买经费的投入，将校园建设成园林化、公园化的校园。第二，加大特定的大学校园物质文化建设的预算。例如，对于修建具有本校特色的雕塑、图书馆等，单独拨出专门经费，专款专用，形成针对性强的资金投入。建设完毕后，及时对各个方面做出总结，找出大学生的学习成绩、大学的科研业绩，以及大学生的就业率与经费投入之间的关系。

4. 增强高校特色校园物质文化建设必要性的社会宣传力度

要增强大学校园物质文化建设必要性的社会宣传力度，就要向公众展示其具有的"正能量"，让公众认为其成就会给社会带来福音。具体来讲，要做到以下四点：一是充分展示现有的大学校园物质文化，加大对外宣传力度，使更多的人认识本高校；二是狠抓教学和科研，通过真实的成绩吸引公众，使之关注大学；三是利用媒体等通信手段宣传大学已有的特色物质文化和未来几年的建设目标，虚心向社会征集建设意见，进而赢得关注；四是加强本校的思想政治教育工作，用各种方式让本校师生和社会公众在思想上对本大学的工作认可，间接为大学做宣传。

除了必要的宣传，还要及时控制来自社会的负面影响。一是要控制商业化的大学，限制大学内商业承包经营；政府调控，统一制定校内物价；限制大学内的商业宣传活动。领导要高度重视大学周边的商业行为，对于不适当的经营要给予取缔。对于商业化对学生成长带来的危害，要对学生做心理辅导，让学生认清当下最应该做什么，如何正确地规划自己的人生，什么是真正的商业等。二是对于近期来自"楼市"的负面影响，政府应出台相关政策，限制大学在扩建上的经费支出。政府不仅要制定合理的大学扩建政策，而且要制定科学的大学土地使用规范。政府还应该正确引导大学在这一时期的发展，使其继续保持"纯洁性"。大学要及时引导学生观看新闻，阅读经济时政，使其充分地了解经济，从思想上对不正常的经济现象给予否定，树立正确的价值观，坚信一切终究走入正轨。三是要有效地消除评级制度给大学校园物质文化建设带来的负面影响。政府要重点调整评级制度，调整经费的划拨制度，使其与硬件指标关联相对较少，而且要惩罚那些通过评级制度刻意改变"骗"取经费的大学。政府要让学生在思想上认识到本校的核心竞争力是什么，哪些才是真正有价值的，哪些只不过是虚名，对学生的价值观要有正确的引导；多制定一些权威的评级标准（如绩效评级、就业率评级等），使经费划拨制度有多个标准可以参考。为了适应大学的科学建设，评级制度的变更应当较为频繁，要适当引进社会力量参与评级。

第三节　网络世界：大学校园网络文化建设

一、大学校园网络文化概述

（一）大学校园网络文化的概念

网络文化是互联网与文化相结合的现象，是科技与文化创新的产物，它集中地体现着文化的内容、表现形式和传播手段。网络文化的出现和发展深刻地影响着甚至改变了人类的生活方式、思维方式、思想观念和生活习惯。

1. 网络文化的基本内涵

伴随全球经济一体化的到来，网络必将形成一种全球化的生存理念，冲击多元文化的多元世界，给人类社会带来巨大而深远的影响，成为推动历史发展的重要力量。网络的发展和普及给政治、经济、文化、军事等都带来了深刻的变革，也给人们带来了全新的生产、生活方式。在一切都呈现出开放、快速、变动和相互影响及渗透状态的网络社会里，各个国家和地区的思想文化、伦理观念、道德意识通过网络对人们的思想观念、思维方式、行为模式、个性心理产生了潜移默化的影响，形成了全新的价值取向和社会精神。可以说，网络不仅是一种高科技手段，而且是一种文化形态。人们生存在日益网络化、数字化的环境中，网络不但创造了一个覆盖全球的"在线空间"，而且正在深刻地改变着人类的精神文化生活，形成网络时代所特有的文化氛围——网络文化。

文化是人类社会历史实践过程中创造的一切物质财富和精神财富的总称，它包括人类社会历史生活的全部内容。21世纪蓬勃兴起的计算机网络系统是人类历史上信息技术的又一重大变革。文化作为折射人类现实生活的精神世界，其形式和内容自然会随着数字化技术的发展而发生变革。信息网络技术的迅猛发展已极大地缩短了知识和信息的时间和周期。这种形式生动、方法简便、范围广阔、效率高的现代技术正迅速改变着人类传统的认知渠道、思维方式和生活方式，影响着社会发展的各个层面。

网络文化是一种基于现代互联网技术广泛应用的文化。它是以计算机及其附属设备作为物质载体，以上网者为主体，以虚拟的空间为主要传播领域，以数字化为基本技术手段，为人类创造出了一种新的生存方式、活动方式和思维方式。它以网络技术及其特质为平台与环境，以网络理念和网络价值取向为主要内容，以网络状态、网络制度为支撑，以网络文化符号为外部记载、传播与输出的工具，融网络的宗旨、行为规范、价值准则、习惯为一体，与网络技术普及方式、普及程度及其管理理念和规定密切相关，具有多种功能。网络文化集知识性、娱乐性、趣味性为一体，图文、声像多种手段并存，传播的巨大时效性，身临其境的虚拟环境，无等级、身份的交心交流，参与者很容易得到为人处世的成就感和满足感等特点对传统文化产生了冲击。

2. 大学校园网络文化的基本内涵

人类的发明创造从来没有任何一项成果能像网络这样深刻地改变人类自身的生活，影响着人们的行为。在信息建设的前沿阵地——大学校园里，网络的影响更加深远。目前，许多高校的校园网建设已初具规模，为学生从网上获取知识和信息提供了良好的硬件环境。在与网络的互动过程中，大学生把现有的大学校园文化带入了网络，与网络特定的环境相互作用，形成了一种新的文化形式——大学校园网络文化。

大学校园网络文化是指"以大学师生为活动主体，以大学校园文化为依托，通过网络进行信息沟通的行为方式及其道德和规范的总和，是一种新型的大学校园文化，它包括所有与网络直接相关的大学校园文化部分"。[①] 它自然而然地体现和反映了高校的校园文化氛围浓厚与否、精神文明建设成果如何，因此校园网络文化是对大学校园文化的延伸。

3. 大学校园网络文化的产生和发展

我国于1994年4月获准接入互联网。经过近几年的发展，校园网络文化如雨后春笋，生机勃勃，物质、精神和制度三个层面都有了长足发展：几乎所有高校都申请了域名，建设了校园网，不仅建有思想政治教育网站、学术教育网站、管理网站和各种服务网站等多种功能的网站，而且有学校网站、校园社团网站和师生个人网站（主页）等各种层次的网站，并且技术水平不断提高，内容不断丰富，吸引力不断增强，影响力不断扩大，制度管理也日趋规范。

（二）大学校园网络文化的表现形式

有众多的大学生成为网民已是不争的事实。在大学校园里，互联网络已经日渐走进了大学生的生活。在大学校园这样一个特定的环境里面，日益网络化、数字化的校园网络文化环境正在深刻地改变着大学生们的精神文化生活。根据校园网络文化对大学生的影响，可以将校园网络文化划分为如下表现形式。

---

① 严树，张欣，谢妙.基于微信平台的大学校园文化建设 [J]. 高教学刊，2020(11): 62-64, 69.

1. 价值观念文化

由于大学校园的特殊性，目前校园网络文化在意识形态上的主流是好的。但是，由于社会及大学校园的开放性、网络的开放性、学生思想活跃及其他多种原因，"快餐文化"、实用主义、功利意识以及及时行乐等不良思想也充斥于校园网络文化之中。

2. 知识信息文化

大学是一个知识信息的集散地。随着网络进入大学校园，学校又将大量文化知识信息传上网络，如把图书馆搬上校园网络，使其成为师生可以共享的知识信息资源宝库，有利于学校的管理，教育和师生的学习、科研、生活。多项调查都表明，利用网络获取信息是大学生排在第一位的上网原因。

3. 网络虚拟文化

网络虚拟文化是许多大学生痴迷网络的重要原因。校园网络开辟了一个跨时空的虚拟世界，提供了丰富的信息资源和多种消遣娱乐空间。大学生跨越现实世界进入虚拟时空后总会有一种飘飘然的感觉，学业的压力、生活的烦恼、就业的困惑，一切都可抛于脑后，这常使他们对网络乐此不疲。在网上讨论、聊天、交友、恋爱、游戏等已成为大学校园部分学子生活的一部分。

4. 网络语言文化

虚拟世界的网络语言可以不讲语法，不讲规范，但求随意、诙谐、简明，网友相互明白就行。网络语言中的词汇或短句采用多种方式表达，如纯粹意译外来词汇（如 hit= 点击）、音意兼顾翻译外来词语（如 hacker= 黑客）、英文或汉语拼音前缀缩略（如 G= 哥哥；B= 再见）、谐音转写（如斑竹 = 版主）、中英文混用、图文与数字并用等，形成了独特的网络语言文化。

5. 网络庸俗低级文化

网络庸俗低级文化主要指网络色情文化、网络暴力文化及其他低级趣味文化。网络庸俗低级文化在校园网络文化中并不多见，它主要来自大学校园网络之外的网络文化。

以上划分并不是对大学生校园网络文化中的文化现象进行科学归类，主要是说明它们是校园网络文化的表现形式。

（三）大学校园网络文化的特征

大学校园网络文化与网络文化是具体和一般、个性和共性的关系。大学校园网络文化既具有网络化的共性特征，又有自己的个性特征。

1. 大学校园网络文化与网络文化的共性特征

（1）数字化

计算机内部信息的表示和数的运算都是采用二进制。在过去几十年中，人们极大地扩展了二进制的语汇，使它包含了大量数字以外的东西。越来越多的信息（如声音和影像等）都被数字化，被简化为同样的 1 和 0，数字化的优势体现得越来越明显。电子信息技术的发展已将人类的大量信息一"网"打尽，网络信息以小时乃至分钟为周期更新。人们通过网络可以随时了解世界各地发生的大事，真正做到"足不出户尽知天下事"。由于信息能被快速便捷地传递，即使远隔万里的网友也可以"当面"讨论问题、交流思想、互通信息。

（2）虚拟

网络文化是对现实社会文化的虚拟，校园网络文化则主要是对大学校园文化的虚拟。网络文化的虚拟表现在三个方面：对现实的虚拟，如现实社会中人的许多特征（诸如人的姓名、年龄、性别、身份等）都可虚拟，人与人的交往由直接交流变成了间接交流（人机对话）；对可能性的虚拟和对非可能性的虚拟，如人们可将各种可能性和非可能性的事物在电脑及网络上模拟演示。[①]

与其他的文化形态不同，网络文化并不依赖于特定的物质实体或时空位置，而是存在于以光速运动的比特及其特殊的数字化的运动组合方式或过程中，人们基于一定的目的在网络上的行动也就摆脱了时空的限制和物理实体的束缚，而仅仅成为一种没有形体存在的虚拟的行动（如虚拟课堂、虚拟商店、虚拟会议等），虚拟社会也就逐渐地随之产生。相对现实社会的存在，网络是一个虚拟的空间，任何人都是匿名的，不再区分国界、州界、省界，不再区分肤色，不再区分年龄、地位和其他。人们可以充分表现自己的个性，可以对自己感兴趣的话题展开交流、讨论和行动。需要明确的是，虚拟不等于虚假，也不是虚无，它只是另一种特殊形式的存在，应从更深层次上理解网络文化的虚拟性。人们能回到过去或进入未来，能设想自己身处异乡，能想象曾见过的现实世界，也能想象一个未曾见过的未来世界。这一想象的世界就是存在于网络空间的虚拟世界，虽然它不是真实的，但却切切实实客观存在。对只熟悉物质现实的人来说，网络世界一切都是虚拟的，是对现实世界的模拟。然而，它又是客观存在的组成部分，不能离开现实世界而孤立存在。

（3）交互性

从技术特征上讲，交互性是指人们在信息交流系统中发送、传播和接收

---

① 白荣宝.高校校园网络舆论及其引导研究[D].大连：大连理工大学，2010.

各种信息时表现出的实时交互的操作方式，这是信息高速公路的特征之一。这与电视和电话相比存在一些本质上的不同。传统的通信与信息传播工具仅仅是一对一的接触，牢牢地被控制在某一机构或组织手中，以由上而下、由少对多的金字塔式的结构对受众进行信息传播，受众没有太多的选择余地，处于被动接收的地位，而大众传播媒介中信息通常是从一个信源流向其他信源，进行的是单项交流。网络空间的信息交流方式突破了人类信息交流单向式的模式，表现出多方面、大范围、深层次的特征，从而使人类的文化交往方式面临深刻的变革。作为网络文化的重要特征，交互性的核心在于参与，网络公民不仅是信息资源的消费者，而且是信息资源的生产者和提供者。这样，网络空间中的每一个人、每一台电脑都可以成为一个广播站、电视台或出版社。全球信息网络的迅速发展正把全世界的每一台计算机变成信息发布站，并以光速把代表着思想、文化和技术成果的信息传播到世界的每一个角落，这是人类文化传播方式的革命性变革，极大地增强了文化的渗透力。不管你身处何方，身份如何，只要能接入互联网，便可以在统一平台上，以相互平等、交互的方式从事信息文化的制造、交流与使用。在这里，不受时间、空间的限制，每个人都是自己的主人。

（4）开放性

互联网已成为一个全球性的开放系统，任何一个网点引起的涟漪都可迅速辐射至各个角落。人们正在创造一个所有人都可以自由进入的新世界，不会由于种族、经济实力、军事力量或出生地的不同而产生任何特权或偏见。在这个独立的电脑网络空间中，任何人在任何地方都可以自由地表达其观点，无论这种观点是多么的奇异，都不必受到压制而被迫保持沉默或一致。这首先表现为整个网络系统的开放性。因特网是国际上各种小型网络和计算机的集合，这些网络和计算机遵循 TCP/IP 标准协议相互进行通信和共享信息，只要计算机系统遵循这一公用的标准，就可以成为网上的一部分，而不论其现实条件如何。因特网体现了自由、灵活、开放的信息交流方式，每个人都可以根据自己的意愿与世界各地任何联网的人联络，自由地访问各种信息资源。网络空间中的不同主题的电子公告牌、新闻组和电子论坛向任何感兴趣的人开放，无论任何观点、任何思想、任何民族文化在这里都可以找到自己的位置。这缩短了人与人之间的距离，使人们置身于更加广泛的联系和接触中，将人们带入了一个无可逃避的、直接的、相互影响的境地。在这里已经超越了传统跨地域的信息系统中存在的政治、经济、文化和语言障碍，降低了不同种族、国家、民族、宗教和信仰的人们进行交流的限制。网络资源共享的价值观使人们只要进入网络就可超越种种局限而共享丰富的信息。

（5）平等性

网络文化是一种开放型文化，也是一种平等参与的文化。由于计算机的高速发展，计算机的成本越来越低，上网的费用也越来越能令平民接受，文化参与和信息获取成本的降低使人人平等参与成为可能。网络时代的文化在参与上是垂直的，在交流上是平行的，在关系上是平等的，在选择上是自主的。网络上的文化产品没有数量的限制，它兼容各种各样的文化产品。在网上，不论你是一个总统、教授，还是一个平民百姓，不论你是男是女，是老是少，网络都一视同仁：网络向每一个人敞开，你可以随心所欲地点击你所喜欢的页面，在同一个公告牌上讨论问题，发表你的看法。因此，网络是一个无中心的、充分民主和平等的虚拟社会。由于网络文化是从大众中来到大众中去的文化，网络的平等性和自主性满足了大众多层次交往的需求，极大地拓宽了大众的视野，调动了大众使用网络的积极性，同时也出现了一些其他文化所没有的社会现象，这样就给人们提出了新的课题，因此人们要以全新的观念、全新的模式和全新的手段对待网络文化条件下的网络道德。

（6）难监控性

美国学者指出"未来社会将没有一个机构和部门能够支配或控制信息流向"。首先，网上运行无须登记，完全匿名，资源共享；其次，网络信息传播像滚雪球一样越集越多，大量信息宝藏和信息垃圾共享一"网"；最后，因技术手段限制，任何机构都难以按自己的意志对开放的网络实行及时有效的监控。

2.大学校园网络文化的个性特征

（1）时代性

任何文化都是时代的产物，随着社会的发展而不断演绎自己的形态。校园网络文化也不例外，它受到一定时代的政治、经济、教育以及社会结构、文化风尚的制约。因此，校园网络文化往往成为时代的晴雨表，反映着时代的风貌。也可以说，校园网络文化本身就是时代发展的新产物。

（2）个性化

在高等教育大众化趋势下，高校具有文化产业的特征。生源市场、就业市场、人力资源市场等把高校卷入了在精英教育阶段前所未有的激烈竞争中，也使校园网络文化成为高校竞争的重要组成部分。也就是说，当代校园网络文化不仅是传统大学校园文化自发沉淀的反映，还是一个不断建设甚至是市场包装的过程。校园网络文化以一种营销策略在各种竞争中起着重要作用，不断追求个性化特色。

（3）先锋性

校园网络文化的先锋性是指校园网络文化是整个社会文化理念的发源地，是新文化形态的生长点，是培养新型文化创造的摇篮。历史学家哈罗德·柏金在 20 世纪 80 年代初就指出："受到高等教育的专业人才，是越来越起引导作用的社会集团。大学是现代社会的轴心机构……高等教育机构既不是独立于社会其他部门之外的别出心裁的存在，也不是被动地受社会需要牵制的社会机构，而是一个与社会发展密切相关的能主动影响社会进步与否的社会中心机构。"校园网络文化通过网络和其他途径对社会文化产生了巨大的引导、辐射作用，提升了社会文化的品位。

（4）品位高

大学生和大学青年教师不同于一般社会成员，其作为校园网络文化的重要主体，具有青年人与知识分子的双重特性，不仅体力与精力充沛，思维敏捷，而且文化知识丰富，精神境界较高。与其相适应的校园网络文化在内容上则具有高品位、高格调，融自然科学、社会科学及审美意识于其中；在文化内容及表现形式上，则富有创造性、思想性、理论性和学术性。

（5）创新性

校园网络文化的创新性是指校园网络文化具有创造新思想、新观念、为国家提供创新精神与创新能力源泉的特质。它是由三个方面的因素形成的：第一，是由大学的地位决定的。大学的发展是社会经济发展的必然要求，社会的需求引导大学把追求与弘扬创新精神作为自身的使命。第二，是市场经济对中国高等教育发展的要求。市场经济体制内在地培育出人的自强、自立、自尊等自主意识，增强了人们的竞争意识、开拓创新意识以及效率意识，使每一个个体都能充分地运用自己的知识进行空前的实验与创造。第三，是知识经济出现所带来的宏观要求。知识经济时代，知识是经济的原动力，人的创造力是经济增长的根本源泉。作为产生知识、传播知识的主导机构，大学必须树立创新观念。其中，校园网络文化也应体现出创新观念，并成为创新的摇篮，既推动主体的发展，也推动自身的发展。

当然，由于各种因素的影响，校园网络文化也在一定范围内存在或可能产生一些负面特征，如保守性、庸俗化、冲突性等。

二、加强大学校园网络文化建设的措施

（一）完善制度，加强管理

1.建立健全相关制度

加强制度建设必须在管理理念上从封闭走向开放，从单一走向多样，从静态走向动态，从直线性走向立体性，从孤立走向协调；在管理方式上要充分运用、发挥网络的技术优势，提高管理效率；在管理文化上要重视营造健康的文化氛围和思想道德建设。任何政策的落实、计划的实施势必需要有效与完善的制度去对人们的行为加以约束，以达到预定的目标。所谓制度，就是要求广大师生员工共同遵守的行为准则和规范，对辖区范围内的所有人都具有普遍的约束力。加强高校校园网络文化的相关规章制度建设是高校校园网络文化得以正常进行和发展的根本保证。

具体来说，就是要根据国家相关法律法规及教育相关部门的相关规定，结合大学生实际情况，制定一系列计算机网络管理条例（如校园网管理制度、网络安全管理制度、信息发布管理制度以及岗位责任制等），加强对局域网、校园网的管理，通过制度规范广大青少年的网络行为，对网上不良信息进行及时清理，及时发现大学生中存在的思想问题并进行有针对性的教育，从而在高校校园形成一种健康的网络环境。

2.运用法律的手段规范网络秩序

法律手段是社会控制中最强有力的手段。所以，在网络文化建设中通过运用法律的手段，进一步规范网络秩序，严肃上网纪律，及时对各种信息进行监控、分析和处理，坚决杜绝黄、赌、毒信息在校园网上的传播，从根本上净化网络环境，使网络成为传播知识与文明的交流平台。

（二）加强大学校园网络文化的环境建设

加强大学校园网络文化的环境建设，需要从硬件建设、软件建设、资源库建设和培训四个方面进行。

1.硬件建设方面

目前，我国一般高校的校园网络硬件建设已初具规模，大都实现了网络进办公室、图书馆、课堂、宿舍等，但还需要适当改进和完善。

2.软件建设方面

互联网上信息良莠不齐，色情、暴力及颓废消极信息和思想充斥其间，西方文化也冲击着大学生的思想。因此，高校应积极开发一些集思想性、知识

性、娱乐性和易操作性于一体的宣传教育软件，丰富大学生的课外生活，提高大学生的品位，宣扬中华优秀文化。

3.资源库建设方面

高校要走引进与建设相结合的路，联合多方面的力量，共同建设资源。一方面，由学校教师把自己的教案和开发的课件存入资料库；另一方面，根据教学需要专门收集网站和市场上优秀的网络资源软件。高校资源建设中还应该考虑创建良好的资源搜索引擎，与师生的需求相适应，使建好的资源库充分发挥作用。

4.培训方面

通过培训，教师们可以掌握计算机及课堂教学平台的常规操作，熟练掌握包含排版、PPT 幻灯片制作、EXCEL 数据处理在内的 Office 系列软件的应用，熟练掌握包含 ACDSee 图片处理、Photoshop 抠图技术、电脑录音、多媒体视频剪辑在内的多媒体素材处理方法，熟练掌握计算机系统的安装、常用软件功能介绍、病毒的防治等计算机维护方法，熟练利用软件制作个人网页。

通过培训，教师可以向学生推荐文化学习网站，拓展课堂；向学生推荐综合性的精品网站，开阔视野；向学生推荐益智类游戏，寓教于乐；向学生推荐心理健康的专题网站，促进学生心理健康。

（三）加强网络队伍建设

1.网络思想政治工作队伍建设

高校应建设一支网络业务能力强、熟悉学生思想状况和上网规律的网络思想政治工作队伍，并凭借这支工作队伍努力打造"绿色网络校园"，即坚持弘扬"红色的"信息，以丰富多彩的正面教育内容吸引学生的眼球，引导德育主流；全力封堵"黑色的"信息，建立多级防范的网络管理体系，确保网络安全；坚决删除"黄色的"信息，严格监控管理，消除和减少网络中色情、暴力信息的污染和毒害，净化网络环境；着力疏导"灰色的"信息，对网上出现的苗头性、倾向性、群体性问题加强教育疏导，把握正确导向，营造健康的"绿色"校园网络文化。另外，该队伍还可以在 BBS 上担任版主，设立信箱，密切关注网上动态，随时与学生进行平等的沟通与交流，及时回答和解决学生提出的有关学习、生活、就业等方面的问题，努力提高大学生的思想政治素质，增强大学生的信息解读能力，引导大学生运用辩证唯物主义和历史唯物主义的观点分析问题，明辨是非，增强对网络文化的辨别力和抵制不良信息的能力，促使他们健康上网。

2.网络工作队伍建设

提高大学校园网络文化的思想性、艺术性、积极性、教育性和指导性，离不开一支强有力的网上工作队伍。这支队伍的构成应该是多层面的：既有职能部门负责人，又有负责学生工作的辅导员。这支队伍应该人人都能够建立自己的网页，参与论坛、聊天等栏目，与广大师生以平等身份自由自主地交流。因此，建立一支强有力的网络文化工作队伍，是校园网络文化向深层次发展、高品位发展的重要保障。

（四）转变观念，提高认识

目前，高校校园网的发展很不平衡，有的在观念上还没有根本转变，把网络所带来的弊端看得过重，在组织、管理与建设上认识不够、重视不足，没有真正发挥校园网络文化的作用。校园网络文化建设是高等教育深化改革、大学校园不断向信息化高速发展的必然要求。大学是人类文化、知识传承和发展的基地，在信息时代加强和加快以网络化、数字化为主要支撑的信息化大学校园文化建设，是大学校园文化建设走上健康发展轨道的最可行的方式之一。校园网络使校园内部的各种信息资源得到共享，并不失时机地增加各种新的信息资源，开拓高校更为广阔的办学空间，成为推动远程经验和终生学习体系发展的核心动力。因此，转变观念是大学校园网络文化建设的关键。

（五）提高大学生个人素质

1.加强网络精神文化建设，提高大学生驾驭网络的能力

高校要加快网络信息技术和网络知识的普及，培养大学生掌握信息技术的能力，提高信息素养和网络意识，使他们学会利用网络进行交流沟通，利用网络进行科学研究，利用网络全面发展自己。同时重视和加强对大学生的网络心理辅导，防止使用网络而导致的人格障碍和心理障碍，让大学生逐步适应数字化环境，真正成为网络世界的主体。

2.加强网络道德教育，增强大学生的防范意识

高校要积极利用网络手段，加强网络道德教育，提高大学生的网络道德水平和自律意识，使他们树立正确的网络道德观念，引导大学生自觉抵制网络垃圾的侵蚀，恪守网络规范，约束网络行为，自觉维护网络秩序，做到文明上网、文明聊天、文明交友，努力营造健康有序的网络环境。同时，高校还应积极倡导社会主义文化的主旋律，坚持用马克思主义理论教育和引导大学生，弘扬民族精神，强化爱国主义意识，帮助他们牢固树立科学的世界观、人生观和价值观，自觉抵制资产阶级腐朽文化的侵蚀与西方国家和平演变的图谋。

3.提高大学生对网络文化信息的判断力

网络文化信息的判断力是指面对复杂信息能够做出全面审视和迅速选择的能力。提高大学生对网络文化信息的判断力是减少校园网络文化消极影响的根本措施。在互联网上，大学生如果不具备敏捷的判断力，就有可能被大堆的垃圾信息侵蚀。学校特别是高等学校应重视网络知识培训，提高学生使用网络的水平。在培养学生具备网络使用能力的同时，学校还应教会学生辨析网络信息的能力。一方面，面对网络信息要有科学、全面、深入的认识；另一方面，对自身信息需求要有良好的自我意识。只有这样，才能提高学生利用有效信息的能力和抵御信息污染的能力，使其在有限的时间内接收更多、更新、更有用的信息，达到学习知识、陶冶情操、培育美德的目的。

（六）加大对校园网络文化建设的投入力度

就目前高校的现实情况而言，校园网络已成为师生学习交流的重要工具。网络文化以其开放性、虚拟性、互动性等特点迅速扩张，并深刻影响着师生的学习生活方式和思想价值观念，这不仅会对原有的大学校园文化带来一定的冲击，而且会从观念、方式、手段等方面给高校现有的文化建设带来前所未有的挑战。如果人们不能站在科技文化发展的前沿，准确把握网络文化的两面性及其发展趋势，及时把校园网络文化纳入大学校园文化建设的整体规划之中并认真加以实施，那就不仅仅是落后的问题，还可能是被淘汰甚至于犯历史性错误的问题。

所以，高校领导必须依据时代发展要求，高度重视网络在高校教学、科研、社会服务和人才培养工作中的重要作用，把校园网络和网络文化建设工作摆在突出位置；把校园网络文化建设纳入大学校园文化整体建设规划之中，精心组织、统一实施，充分利用网络技术与资源提升大学校园文化建设品位；把网络设施纳入教学基础设施范围，加大经费投入，搞好网络接口布局和校园网BBS站点建设；把网络技术和网络资源在人才培养工作中的运用作为推动学校教育教学改革的重要手段，努力拓宽校园网络"快速通道"，适时更新网络技术软件，不断提高各类网站建设水平和网络信息技术防范能力，在加快健康信息传输速度的同时，有效防止有害信息的传播，为校园网络文化建设奠定坚实的物质基础。

第四节　科技力量：大学校园学术科技文化建设

一、校园学术科技文化的内涵

校园学术科技文化是一个大学在探求知识、追求真理过程中所形成的特色和氛围，它是大学校园文化的核心，反映了一所学校的特色。校园学术科技文化建设倡导"勤奋学习、热爱科学、追求真知"的科学精神，增强大学生对民族振兴和社会进步的责任感，立足于青年学生的知识应用和创新能力的培养，缩短大学生成才与社会需要之间的距离，提高解决实际问题的能力。

（一）创新是学术科技文化的特质

创新是引领发展的第一动力[①]。科技的发展、知识的创新、学术的繁荣越来越决定一个国家、一个民族的发展进程和在国际社会的地位。焕发创新精神，树立创新意识，培养大批创造性人才，是时代的要求，是教育在新世纪的重任。高等教育改革就是要从知识传授为中心的传统教育，转变为培养学生创新能力的现代教育。以创新为特质的学术科技文化建设，就是为了适应新时代发展的要求。创新是学术科技研究的灵魂和原动力，学术科技研究是创新的实践和过程，是创新精神的体现和张扬。

（二）育人是学术科技文化建设的根本

加强学术科技文化建设，就是要通过一系列科研实践和良好的科研机制、环境，培养大学生的实际科研能力；培养大学生严谨的求学态度和创新务实、开拓进取的科研精神，使他们热爱科学，树立献身科学事业的信心和决心；还可以弥补课堂教学不足，巩固所学的知识，扩大学生知识领域，完善、优化知识结构，活跃思维，挖掘潜能，提高学术水平、学识修养。

（三）多样性、层次性是学术科技文化建设的方向

学术科技活动是学术科技文化的主体，既包括各类以课题形式开展的群体协作科研活动，又包括师生在教学之余所开展的个体学术科技活动；既包括

---

① 国务院新闻办公室，中共中央文献研究室，中国外文局.习近平谈治国理政（第 2 卷）[M].北京：外文出版社，2017：89.

各种学术科技会议的举办，也包括专业学术科技刊物的编辑、出版等。不仅如此，教育改革还要求把科技引入大学教学过程，努力使教学过程带有研究性质，将学术科技研究渗透到教育教学的各个环节。这是学术科技文化建设的重点方向，而不能仅靠举办一些征文大赛、辩论大赛等活动。学术科技校园文化建设要向多样化、层次化方向发展，重点是提高学术科技含量，提高品位和层次，更好地服务于教学研究。此外，学术科技文化建设还包括相应的制度建设、营造浓厚的学术氛围、形成具有自己特色的学术传统等。

二、校园学术科技文化建设的目标

（一）改变思维定式，塑造批判精神

当代大学生要冲破"书本定式""学术权威性"等传统的束缚，对书本、对老师所讲内容及知识要敢于提出质疑，带着批判意识去学习，逐渐培养批判精神。

在现实中，不少大学生并不缺少知识和经验，创新环境相对较好，其本人也有较强的创新意愿，但经一番努力后所获创新成果差强人意。究其原因，很大程度是存在思维模式障碍。所谓思维模式，简而言之，就是人在思维活动中已形成的定式，它是思维内容与思维方式的统一。思维模式障碍是影响学生创新创造的重要因素，应在日常的学习实践中努力克服。人的思维模式并非一成不变，而是在后天的学习和实践中不断发展与完善的动态系统。人习惯在已形成事物的基础上不断创新，发掘新事物，在过程中表现出创意智能。也正是因为人类有了创新智能，人的思维模式才得以不断完善和发展。开展大学生学术科技活动首要的就是不断消除学生墨守成规、迷信权威、人云亦云、先入为主等常见的思维模式障碍。

在组织开展的学术科技活动中，应注意引导大学生以审视的眼光看待现有知识、理论及研究成果，并且要引导其积极参与科技创新竞赛、科研项目等活动，寻找现有理论、工艺、成果中存在的问题，通过对现有成果的批判、改良和升级，形成新的研究思路和方向。通过各类学术科技活动的开展，有意识地培养学生的批判精神，引导学生敢于突破传统思维的束缚，掌握建立新观念的有效方法，掌握良好的思维技巧，这是大学开展学术科技活动的目标定位之一。

（二）优化课程体系，完善知识结构

大学生能力的培养基于广博的知识和良好的素质，而不是仅仅掌握单一的

专业知识。因此，加强大学生学术科技教育的内涵更新和外延拓展，构建合理的课程体系成为开展学生学术科技活动的基本步骤，高校应在学术科技活动前期及时完善学生知识结构。一是要优化课程结构，按照"少而精"的原则设置相关必修课，确保学生掌握较为扎实的基础知识；二是要提高学生获得科技资讯的手段，使学生有机会接触学科发展前沿，了解科技发展趋势，掌握未来变化规律；三是要开设创新实践类相关课程，用实践活动不断增强学生的创新意识；四是要增加科技创新类选修课比重，优化学生知识结构，激发学生研究兴趣，提高其参与创新的积极性。

扎实的专业知识在学生开展创造性活动中起先决作用，它既包括本领域专业知识的深度，又要求知识结构的合理性，即对于相关学科特定知识的掌握。心理学家对此也有专门的研究，比较有代表性的是英国心理学家华莱士提出的四阶段论，认为任何创造过程都包括准备阶段、酝酿阶段、明朗阶段和验证阶段四个阶段。因此，要想提高学生的科技创新能力，高校必须引导大学生在学术科技活动中吸收、学习更为深刻和广博的知识，在知识积累的基础上加工创造，提出自己的独到见解。

（三）提升科技素养，强化科学实践能力

培养大学生的创新思维离不开怀疑、批判和否定，在大学生学术科技活动中要有意识地培养学生独立思考、敢于怀疑的习惯，以亚里士多德的名言"吾爱吾师，吾更爱真理"为遵循，勇于向传统挑战，冲破思想的束缚。

科技创新能力是人综合素质的集中反映，它需要在掌握一定的科学知识之后，运用一定的科学方法，在内化的科学精神的指引之下，解决新问题、探索新知识。大学生科技素养教育，不仅仅是要为经济社会发展提供人才储备和智力支持，更重要的是要培养可直接参与生产实践的合格人才。

三、校园学术科技文化建设的重要性

（一）有利于提高学生文化素质

高校的教育资源主要包括课堂教学、校园文化、各种传播媒体以及实践环节。除课堂教学之外，学术科技活动越来越成为学生获取知识的重要手段，推动学生自觉地、积极主动地学习，进一步探索，形成良好学风，提高学生的创新意识。学术科技活动既是学生汲取知识的重要途径，也是提升学生学习自主性、发掘学生专业探索性、培育学生创新性的推动力。高校开展高质量的学术

科技活动，对于学生而言是一种潜在的教育力，影响他们的思想感情、道德水平，丰富他们的内心世界，最终内化为学生的综合素质。

（二）有利于促进高校学科建设

学术科技文化是学科建设与发展的有力推手。一方面，作为学科发展核心的学术带头人，学术科技文化决定了一个学科的学术地位、学术声誉和学科发展方向；另一方面，学术团队的研究成果特别是标志性的成果，能够提升学科的地位和实力。因此，高校有必要通过学术科技文化建设，营造浓厚的学术氛围，不断促进学科的建设与发展。

（三）有利于提升大学校园文化层次

在竞争日益激烈的今天，学术科技水平已经成为高校发展的标志性动力，浓厚学术科技氛围的营造和丰富学术科技活动的开展成为大学校园文化建设的关键内容。学术科技文化建设有利于提升大学校园文化建设的层次和水平。另外，学术科技活动日益成为实施素质教育的有效工作载体，对学生素质教育和教师素质的提高十分重要。

（四）有利于学者型教师队伍建设

良好的学术科技文化氛围可以提高高校教师的学术素养和水平，有利于构建学者型教师队伍。这对于建设一流高校具有重要的作用，是高校在加快自身发展过程中必须重视的问题。通过在制度上激励教师提高教学水平，在行动上尊师重教，搞好教学科研服务，体现人文关怀，与教师建立和谐的人际关系，充分调动教师的工作积极性，建设学者型教师队伍，提高学校的教育教学水平，以期建设高水平大学。

四、校园学术科技文化建设的管理

（一）高校学术科技文化建设内容

1.培育有影响力的学生学术型社团

学生社团是由一些兴趣、爱好相同的学生组成的学生群体。在开展科技创新的进程中，将对科技创新感兴趣的学生聚集在一起，成立科技创新类的学术型社团，势必对大学生创新素质和创新能力的培养产生积极深远的影响。高校要在建设学生社团的同时，加大对科技创新类社团的投入力度，推动学术型社团的发展。通过兴建、培育和发展一大批优秀的学生社团组织（如机器人协会、数模协会、学生科技创新协会、计算机协会等），提高学生对学术科技活动的兴趣，培养科技创新能力。

2.开展有针对性的创新能力培养学术讲座

针对不同专业、不同年级学生的特点，有针对性地引导学生参加不同层次的学术讲座。对于一、二年级的大学生，高校应更加注重进行专业基础教育，使其充分了解自己的专业方向，加强对专业的热爱和认同感，提高对各自专业的学习兴趣；对于三、四年级的大学生，主要进行学科前沿情况教育，使其了解自己所学专业的世界前沿领域，进一步培养学生的创新能力。

3.构建合理的学生科技创新团队

构建优秀的科技创新团队是大学生学术科技活动成功的关键。大学生科技创新团队包括项目组成员、指导教师和管理教师三个部分。高校要从制度上进一步保障科技创新项目组成，具有合理的专业背景和年级结构，鼓励科研项目多、经费充足的高职称、高学历教师参与大学生科技创新项目指导，充分利用学校团委、教务处以及辅导员和学生接触多、关系密切的特点，发挥其在学生参与学术科技活动方面的督促和引导作用；鼓励不同年级、不同专业的学生组队，提高团队内成员间的交流与合作，增进不同专业的知识互补性，培养学生的团队合作精神；依托院系成立学生科技创新团队，引领学生开展学术科技活动。

4.组织开展系统完善的科技竞赛

完善系统的科技竞赛体系是推动科技创新成果与科技创新人才涌现的有效载体。依托全国大赛、省级竞赛、校级竞赛、院级竞赛"四位一体"的科技竞赛体系，积极组织学生参与省级比赛，同时开展校内的选拔赛、院系提高赛；为拓宽高校科技竞赛的参与面，鼓励以各类学术型社团为主力组织各类院级学生参与科技竞赛，实现大型科技竞赛层次化、中型科技竞赛院系化、小型科技竞赛活动社团化，推动学生科技竞赛工作的日常化、专业化和规范化。

（二）高校学术科技文化建设路径

高校学术科技文化建设是一个较为庞大的系统工程，需要从学术科技文化环境建设、学术科技活动体系建设、学术科技活动运作机制和学术科技活动资金保障等方面，探索高校学术科技文化建设的路径。

1.加强高校学术科技文化环境建设

高校的教学系统、科研系统、学生教育管理系统与高校学术科技文化建设密切相关，高校应从以下三个方面着手加强高校学术科技文化环境建设。

（1）营造良好的学术氛围

为进一步适应市场经济的需要，学生科技创新项目必须树立科技成果转化的强烈意识，以科技成果为先导，积极拓展转化市场，加强与风险投资机构、中介机构和金融机构的合作，鼓励以科研项目为导向的创业，使学术科技活动焕发出蓬勃的生机与活力。为适应高等教育改革趋势，高校需深化科研体制改革，进一步确立科学研究的核心地位，重视学生学术科技创新工作，立足基础性研究，加强应用性研究；完善学生学术科技创新体系，做好发展规划，调整结构，在学术科技活动的组织形式上不断加强校校联合、院系联合、校企联合；同时，尝试走"产、学、研、用"一体化的道路。

（2）创造宽松的外部环境

首先，在学生的管理上要充分发挥学生的主动性、积极性和创造性，创造良好的民主气氛，让学生努力做到"自我管理、自我教育、自我服务"。高校要发挥共青团、学生会等群众组织和学生社团的管理和教育功能，让学生参与到学校的管理中来。同时学校管理人员要树立服务的理念，因为学生既是管理的对象，也是服务的对象。其次，在思想教育和心理健康教育活动中也要有意识地培养学生的创新素质，构建开展学生学术科技活动的动力系统。

（3）树立素质教育理念

校园学术科技活动要获得可持续发展的动力，必须进一步转变教育思想，改革教学内容和教学方法，把校园学术科技活动作为教学的实践性环节纳入教学计划，并逐步实现规范化、制度化，切实把教学重点转到培养学生综合素质和能力上来。任课教师要把传授知识与培养学生的创造精神结合起来，使课堂教学成为学生开展学术科技活动的重要阵地，使学生学术科技活动成为课堂教学的自然延伸。学生考试、考核可遵循知识与能力并重、理论与实践结合的原则，重点测试学生理解、掌握、灵活运用所学知识的能力和实践动手能力，采取书面答卷与科研论文、产品设计、社会调查报告等相结合的方式，做到既考查知识又考查能力和综合素质，以促进大学生积极主动提高自己的创新意识与创新能力。考核除了重视课堂内容和教学方法创新外，还要十分注重实验课程的质量，尤其要抓好课程实习、课程设计、毕业实习、毕业设计等环节。高校要精心安排，实习题目拟定、实习单位选择等都要落到实处，讲求实效，让学生能通过以上环节的锻炼，真正提高实践能力。

2.健全高校学术科技活动体系

高校学术科技活动体系的构建离不开由领导机构、基地建设、活动队伍、学术社团、高校学生等组成的组织体系。

（1）领导机构的健全是开展高校学术科技活动的关键

高校学术科技活动是一项涉及学校教学、科研、管理以及思想政治工作的系统工程，必须建立适应学生学术科技活动开展的领导体制，理顺学校各部门在学生学术科技活动中的关系，明确学校各有关部门在其中的职责，集全校力量开展学术科技活动。高校要进一步加强大学生学术科技活动领导小组相关单位的联动配合，充实各院系相应的院系级领导小组，夯实基层基础，保证学校领导小组的工作得以高效落实。

（2）基地建设是开展大学生学术科技活动的依托

系统的结构理论告诉人们，结构决定功能，功能是结构的外在表现。从形式结构来看，在分散模式下运作会造成学生学术科技工作管理力量薄弱，监督机制不强，资源配置不合理，现有人力、物力、财力资源得不到合理有效的利用，甚至会造成浪费现象。从学科结构来看，高校学术科技活动需要不断加强学科、专业之间的融合，从而提高活动的水平与层次。建立高校学术科技基地是解决这些问题的有效途径，有利于实现学术科技活动的长期化、规模化、阵地化。而基地的辐射作用也有利于实现学科之间的交叉互动。

（3）稳健的队伍是学生学术科技活动顺利开展的保障

高校学术科技活动的顺利开展，需要建设学生科技骨干团队、科技指导教师队伍、组织管理队伍"三支队伍"。加强学生科技骨干团队的建设是高校学术科技活动可持续发展的重要内容。通过选拔和培训，培养学生从事科研的基本能力和基础素质，积极创造条件组织学生参加项目研究。此外，要有效提高学生学术科技活动的层次和质量，必须重视发挥指导教师的作用，帮助学生解决在开展学术科技活动过程中遭遇的技术瓶颈、经验不足等问题。高校要鼓励有课题的老师将所研究的项目向学生开放，允许学生报名参与，由学生自主选题、组队，由老师担任导师对学生进行指导；也可以是老师对学生实行聘任，招聘科技骨干学生担任教师的科研助手。高校要通过制定指导教师工作职责落实指导工作，制定相关激励政策提高老师参与科技宣传、科技讲座、科研指导等工作的积极性、能动性和责任性。一项科技创新性活动的成功，组织管理队伍建设是决定性因素。因此，高校要多措施并举帮助管理者了解大学生学术科技活动的目的、规律、途径、运作机制、管理模式等，有效提高他们的科技创新意识和业务管理水平，促进学生学术科技活动的信息化管理。

（4）学术型社团的全面活跃是高校学术科技活动有效开展的载体

学术型社团是学生针对自身的爱好和兴趣自发组成的群众性团体。"创新团队"是科技型社团中特殊的力量，它强调对学生自身能力、组织能力、沟通表达能力、思维能力、创新能力、团队精神等的培养，而不仅仅是传授知识。放眼全国，高校学术型社团也存在若干问题：学术性社团偏少；虽然社团和协会的活动开展得轰轰烈烈，但学术氛围浓，科技含量有待提高。为改变这一现状，高校需从以下几方面进一步加强和改进，多方面支持和扶植学生学术型社团：规范科技社团的管理；成立学校学生科协，构建一个多元化的科技社团群；对现有较好的社团在经费、设备、场地、指导老师配备等方面予以支持；将社团活动和学生参与教师的科研相结合，和开放性实验教学相结合，积极探索学生学术型社团活动的新思路。

（5）学生的广泛参与是开展学术科技活动的基础

学生是学术科技活动的核心要素，学生广泛参与和素质的提高是开展学术科技活动的出发点和落脚点。学校应进行多方位、多渠道的宣传，吸引广大青年学生的注意力，激发其兴趣和热情，使其积极投身学术科技活动。例如，加强学校各层次、各学科学生之间的相互交流，建立博士带硕士、硕士带本科的科研制度，让学生主动参与高层次的科研交流，加快成长；加强"学生科研人才库"建设，从各类学术科技活动中获奖的学生和其他优秀学生中选拔，加强考核，重点培养。

3.加强高校学术科技活动资金保障

开展校园学术科技活动的保障条件中，资金方面的矛盾显得尤为突出，高校需多方面筹措资金。

（1）争取学校支持

学校划出专项经费支持此项活动的开展，并将此作为解决资金问题的主渠道。

（2）寻求经费拨款

把课外资源由计划外纳入计划内，寻求经费拨款的正规渠道。例如，高校可以将课外优质教学资源进行整合、优化，以公共选修课的形式将课外创新教育纳入正规教学体系，不但使分散、无序的科技创新教育活动规范化、有序化、制度化，而且解决了教师组织指导学术科技活动的工作量、酬金等一系列问题。

（3）通过竞赛筹措经费

参与各类竞赛可以提高学校知名度、展示学校实力，学校一般都会非常重视。如果学术科技创新基地能够代表学校参加某类或几类竞赛，并将其作为平时的实践教学内容，就可以一方面将竞赛培训与基地的培训结合起来，另一方面也有利于将学校投入的竞赛培训经费转为基地培训经费使用。当然，高校也可逐步开发社会资源，共建共赢。一些知名企业为了扩大知名度、推广其产品和技术、吸纳优秀人才加入，纷纷在公司内部设立大学计划部，全职负责企业与大学合作计划的策划和实施。高校可以将这些社会力量与基金、基地、竞赛等学术科技活动因素结合起来，扩大经费筹措渠道。

4.完善高校学术科技活动运作机制

从参与层次来看，高校学术科技活动体系可分为基础性研究、群众性普及、高层次竞技三个层面。

（1）以高校科技创新专项基金推动基础性研究

大学生从事科技创新的过程既要学习科研规范、选择适合自身能力的科研项目，也要筹措课题研究所必备的经费。设立大学生科技创新专项基金，集中经费支持梯队合理的学生科研团队，这样既能解决学生研究经费的不足，又能起到良好的示范引导效果。这类大学生科技创新基金也可资助大学生创建兴趣小组、课题立项和参加各类科技竞赛。资金要以通过学校拨款、企业赞助、学生科技成果转让、学生科技竞赛等形式进行筹措。申报各类资助基金不仅开辟了新的筹措渠道，而且提高了创新基金的质量。例如，广东省大学生每年可以申请广东大学生科技创新培育专项资金（攀登计划专项资金）、学校层面的学生科研基金、院系学生科研项目立项资助等。形成这样一个立体资助体系，可以为在校大学生顺利开展学术科技活动提供物质保障。高校要建立完善的学生科研课题申报、立项、过程指导、评审、验收、奖励等制度，规范学生科研项目资助活动的有序开展，使经费能真正用在实处。同时基金的使用应注意研究周期，资助经费应体现出差异性，综合考虑学生的层次。

（2）以大学生学术科技文化艺术节推动群众性科学知识的普及

大学生学术科技文化艺术节一般以普及科学知识、培养科学兴趣、交流科研心得、提高科研能力为目的，以学术讲座与沙龙、科技发明制作、校园学术竞赛等为基本形式，坚持规模化、制度化、长期性的活动方式，为吸引广大学生参与科技创新、营造良好的校园科技创新氛围打下了坚实基础。但是，其也有许多方面亟待加强，如在大学生科技文化艺术节活动设计规划方面，科技学术类活动比例偏低，活动水平不高，深度不够。科技文化艺术节活动要突出社会实践的作用，引导学生学术科技活动走向社会，开展社会调查、课题开发，到企业实际操作，培养动手能力。

（3）以参加国内外高水平科技竞赛推动高层次竞技

各类大学生科技创新类竞赛，由于其鲜明的科技性、实践性、探索性与大众性相结合的特点，为学生参与科技创新、进行探索性实践提供了机会，吸引着众多学生参与，成为大学生学术科技活动开展的主要形式之一。其中，一些具有鲜明专业特色的竞赛对学生创新能力的培养有着积极的意义。比如，如全国大学生机械创新设计大赛，要求学生拓展思路，创意制作自己设计的机械机器模型参赛，极大地激发了广大学生的创造力和想象力。科技创新竞赛成为激发学生创新思维的催化剂，既是考验大学生科技创新能力的"试金石"，也是大学生学习和成长的特别课堂。

第五章　品牌认同——大学校园文化的品牌建设与传播

第一节　品牌价值：大学校园文化品牌的价值

大学校园文化品牌是一种性质特殊的、形象多元的产品，是某一大学校园文化以某种方式区别于其他大学校园文化的差异化表现。这些差异或者是与产品特点有关的理性的和可见的表征，或者是所表现品牌的更加具有象征性、更情感化、更不易见的特质。

一、大学校园文化品牌的特征

大学校园文化品牌根植于大学校园这片沃土，其文化品牌与生俱来地带有大学校园的诸多特征，其建设传播需要贴近校园、贴近师生、贴近生活，立足学校的教育、教学和管理活动，与大学育人的功能和目标和谐统一。

（一）大众传播性

大学校园文化具有传播对象的复杂性和传播内容、方式方法的多样性的特点，它的传播不仅对个人或群体发挥作用，还对整个社会具有影响。这些特征都表明了大学校园文化品牌具有大众传播的特性。

（二）多元竞争性

大学因其包容的特质使大学校园文化有着多元化的特征，有形与无形、高雅与通俗、娱乐与严肃、群体与个人、统一与个性、历史与现时……在大学校园文化中都有着充分的展现，因此，大学校园文化品牌承载着多元性的包容特征。同时，大学校园文化品牌还受到社会因素的影响（如外资教育机构和职业教育力量的崛起等），这使大学教育资源产生一定的分流；大学生有更强的自主性，他们接触的事物也更加多元，很多社会因素都会对他们产生影响，这无疑会给大学校园文化品牌的树立带来多方面的竞争压力。

（三）思想导向性

大学通过大学校园文化培养大学生的健康人格，增强大学生的文化素养，提升大学生群体的思想道德情操。因此，大学校园文化品牌也不能偏离这一导向功能。大学校园文化品牌的树立是通过贴近大学生生活的大学校园文化活动来实现的，具有活泼、自由、多样等特点，并对大学生的思想道德、价值取向、心理素质、行为方式等方面产生潜移默化的影响，为提升大学生良好的人文素养、培养大学生健全的人格、调动大学生积极的心理提供了良好的平台。从大学校园文化品牌传播的信息来看，它传递给学生的思想性和教育性知识经验，更多包含了学生通过无意识和非特定心理反应获得的道德情感方面的实践和体验，能使大学生具有理性的思维、宽容的心胸、健康的心态、良好的自我管理能力以及合作意识等。

（四）内容学术性

大学是培育和传播精神文明的场所，其文化品位和知识层次相对较高。大学校园是一个相对独立的、稳定的区域，大学的校园活动以传递专业知识的教学及学术上的研究为重要内容，这是大学校园文化区别于其他社区文化的基本特点。大学的学术氛围和文化传统使大学成为研究和教学的理想之地，正如约翰·纽曼在创立都柏林大学时所言，"大学乃是一切知识和科学、事实和原理、探究和发现、实验和思索的高级保护力量"。因此，基于此建立起来的大学校园文化品牌同样具有浓厚的学术性和文化性。

（五）价值互动性

大学校园文化对于社会文化水平有着积极的提升作用，并主要通过两种形式来实现：一是通过培养输出人才，将学校的优良精神风貌传播到社会中去；二是通过对自身文化的传播，借助媒介将学校的知识信息、科研信息、服务信息、人文精神等传递到外界社会中，不断地对社会文化的建设起到推进、示范和导向作用。这些都是承载着大学校园文化品牌的形象元素。大学校园文化通过这些元素的传播和渗透提升着社会的文化水平，社会在受大学影响的同时给予大学认可和支持，形成一种良性的价值互动模式。

二、大学校园文化品牌建设与传播的必要性

（一）从宏观环境上看

1.国内社会环境的影响

改革开放以来，我国社会经济建设和各项改革取得了显著的进展。但随着社会经济的不断发展，原有的政治经济体制与经济、社会的发展越来越不适应，渐渐地暴露出不完善的地方，引发了一些问题和矛盾。为了促进社会的不断健康发展，政治经济体制需要"转型"。转型的大环境对教育行业尤其是高等教育行业产生了巨大的压力，因为那种"伸手要钱、旱涝保收"的时代已经不复存在。

2.国际教育市场的驱动

2001年12月11日，中国加入世界贸易组织。我国在世界贸易组织《服务贸易总协定》中对初等教育、中等教育、高等教育、成人教育及其他教育服务均做出了承诺。根据这些承诺，中国的生源除向国外流动外，其他国家的办学实体（如中外合资办学、外商独资办学、外资联合办学等）逐步进入国内教育市场，形成公办、民办、国际办学三方共同竞争的新格局。

面对内外环境的变化，教育行业必须做出应变的姿态，尤其对于高等教育来说，未来的竞争将更加激烈。在这样的环境中，中国高等教育要有一个光明的前景，就必须在竞争中取得排他性的、不可替代性的优势，这也是教育品牌越来越受到关注的原因之一。

（二）从微观环境上看

1.教育体制改革的影响

在计划经济条件下，教育实行以政府统筹主导的管理模式，教育资源的配置和使用由政府进行决策和管理。这种传统的国有办学模式，一方面造成教育资金来源的单一性，投入不足；另一方面使学校缺乏市场驱动性和经济灵活性，使教育资源无法得到充分合理的利用，造成一些教育资源的浪费。

国家和政府也日益重视对教育品牌的创建和维护。《2003—2007年教育振兴行动计划》第三十八条提出"实施中国教育品牌战略"，这是"教育品牌"概念第一次见之于国家政策性文件，也是国家对当前社会转型期和全球化大背景的积极回应。此时的教育体制改革，是顺应时代和社会发展的需求而做出的改变。在新的体制下，高等教育的角色和地位变得更加重要，也更具挑战性。

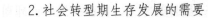

2.社会转型期生存发展的需要

办学体制改革带来的教育供给方式的多元化，使受教育者有了更多的选择空间。随之而来的是人们的观念也呈现多元化的态势，"高考"并非通往成才的独木桥，千军万马也有了千百条"通罗马"的大路，教育行业买方市场的形成使人们的教育消费也更趋于理性化，中国的高等教育行业将面临更加严峻的竞争。中国国内的高等学校要生存、发展，必须打造一个优质的教学品牌，才能站稳脚跟。

在商业品牌和城市品牌积极营造的氛围中，尤其在当前新的媒介生态中，大学校园文化品牌也不能隔岸观望，树立自身品牌已经成为中国高等教育院校的立身之道，必须认清形势，积极参与才能取得更好的优势。只有树立良好的大学品牌形象，中国高等教育院校才可以赢得家长、学生的信任，得到教育行政部门的支持，吸引社会各种力量的关注，为提高教育质量、改善办学条件创造更多的机会，在激烈的竞争中脱颖而出。人们必须理性地审视、分析和预测中国教育事业面临的机遇和挑战，借鉴商业品牌化和城市品牌化的成功经验，强化教育品牌意识，打造优秀的品牌形象。

第二节　立足品牌：大学校园文化品牌建设的定位与原则

一、大学校园文化品牌建设的定位

在市场营销学看来，清晰准确的定位对于产品、品牌至关重要，而定位的前提条件就是能够对整个市场有足够深入的了解，然后利用美国著名战略专家迈克尔·波特提出的"波特五力"理论分析行业的特征、竞争对手的优劣势、自己的优劣势等，制定品牌战略。五力分析模型用于竞争战略的分析，可以对企业制定全球性的战略产生深远影响，此理论可迁移到大学校园文化品牌的培育中。如何做好大学校园文化品牌的培育是一项系统联动的工程，将相对成熟的市场营销学知识运用到大学校园文化品牌的培育中，人们可以收获更多。

（一）客观认识自己，扬长避短，积极创新

市场营销学产品策略认为，要想在市场上永远立于不败之地，产品必须具有排他性和不可替代性的优势，"别无我有，别有我优"。大学校园文化品牌建

设必须客观地分析自身的优势，找准发力点和着力点，发扬自己的优势，回避自我的劣势，不断调整自己，以适应市场和环境的变化。

（二）从行业分析的角度深入分析大学校园文化的特征

一个品牌要有准确清晰的定位，必须要深入了解所面临的市场，大学校园文化品牌的市场和行业就是大学校园文化。大学是校园文化产生的主要场所，它的主体是大学校园里的师生员工，是接受过或正在接受高等教育的群体，具有较高的知识文化层次。文化的形成需要时间的验证，只有经得起时间打磨的文化才具有一定的稳定性和认可度。大学校园文化承载着教书育人的使命，所以其内容必须是引人向上的，要对学校的教育教学起到良好的促进作用。

（三）分析竞争对象的态势，借鉴他山之石

"知己知彼，百战不殆"，客观准确地分析教育市场上竞争对象的态势，对于认清自身所处的环境和采取正确的策略是至关重要的。因此，在大学校园文化品牌的建设中要加强学习和交流，从成功的大学校园文化品牌建设实例中汲取养分，滋养自身的发展。

二、大学校园文化品牌建设的原则

大学校园文化的生发演化和传播发扬都在大学校园里发生，这种空间的特殊性赋予了大学校园文化特殊的区域色彩，也造就了一个特殊的文化形态。这一特质决定了大学校园文化品牌建设有着不同寻常的建设标准和要求。

（一）把握时代脉搏，体现时代精神

大学校园文化品牌建设只有符合时代的进步要求，才是正确的发展道路，否则将被时代淘汰。而目前的时代发展对大学校园文化品牌的建设提出了新的要求和严峻的挑战。在新的传播技术时代，在新的媒介生态中，传统的品牌形象营造形式已经不能完全适应新时代的需求，人们必须掌握新技术、运用新方法来武装自己。因此，大学校园文化品牌建设要紧跟时代脉搏，伴随时代潮流，敏锐地感知时代发展动向，尤其是在社会转型期，更要不断丰富与发展品牌的内涵与外延，以满足师生员工日益增长的精神文化需求。

（二）必须以大学精神为建设的核心内涵

大学精神是大学的灵魂，是大学在长期的办学过程中积淀、整合、提炼出来的，并为人们所认同的一种价值观念和群体意识，它反映的是一所大学的价

值取向和发展趋向。大学精神是一所大学继往开来、承上启下的精神支柱，既是历史的，也是现在的，更是将来的，它是大学校园文化品牌建设的核心和灵魂所在，是一所大学校园文化区别于另一所大学校园文化的内在动因。因此，大学校园文化品牌建设应始于大学精神，立足大学精神，并以大学精神为指导，这样才能在市场竞争中建立具有排他性和不可替代性的品牌形象。

经过多年的发展与积淀，华南理工大学形成了"厚德尚学、自强不息、务实创新、追求卓越"的大学精神，上合该校学生的理想目标和价值追求，下启学校的办学理念和办学特色。在这种特有的大学精神的感染下，学校形成了颇具特色的"两工程一计划一行动"（标杆工程、卓越工程、"百步梯"攀登计划、"岭南追梦"大学生社会主义核心价值观实践行动）大学校园文化品牌，有效开展了学校思想政治教育与管理工作。

（三）结合自身优势，打造特色优势学科

陶行知在南京晓庄师范学院写了一句箴言："千教万教教人求真，千学万学学做真人。"这句话道出了教育的真谛。对于大学来说，其根本任务是育人。因此，大学校园文化品牌建设要强调品牌建设与教书育人实践相结合，与学科建设、发展相结合，要立足本校的优势学科和特色专业，开展多层次、多品位的形式丰富、内涵深厚的大学校园文化活动，把理论与实践、校内与校外、课上与课下、知识与情操有机结合起来，实现教育发展与育人目标的有机交融，以更好地实现大学的教育教学目标和培养目标。

第三节　制定策略：大学校园文化品牌的传播策略

一、大学校园文化品牌传播的规律

从大学校园文化品牌传播的要素分析上看，大学校园文化品牌传播有着不同于商业品牌传播的特性，大学校园文化品牌传播更注重社会效益和长远效益。这是由大学校园文化的特点和大学教书育人的使命决定的。

（一）从传播内容上看，更注重公益性，教化育人

大学校园文化品牌具有教育的公益性。从传播内容上看，大学校园文化品牌传播融合了更多育人的教化性内容，这是由大学的基本功能决定的，也是由

大学校园文化品牌传播的思想导向性和内容学术性决定的。企业遵循的是价值规律，其原则是适者生存和优胜劣汰，追求效益最大化，而大学校园文化品牌要遵循教育规律，关注社会效益。大学的重要职责是教书育人，虽然教育产业化一直被讨论，许多教育机构也游走在商业伦理和教育伦理之间，但是公益性仍是大学校园文化品牌的基本特征。只有遵循教育规律的大学校园文化品牌，才是符合"教育本性"的品牌。

（二）从传播时效上看，要准备好打持久战

大学校园文化品牌传播不是一蹴而就的，其传播效果一般很难在短期内见效，必须依靠长时间的不断积累才能使品牌效应深入人心。而这种效应绝不是通过口号、标语、广告这些商业快速传播方式可以达到的。所以，大学校园文化品牌的传播必须要有打持久战的心理准备，眼光放远，姿态放低。所谓"十年树木，百年树人"，教育是一项长期的事业，任何急功近利、浮躁浅薄的想法和做法都是不可取的。

（三）从传播方法上看，注重新媒介的人际隐性传播

大学校园一直给人一种宁静纯净的感觉，所以，大学校园文化品牌的传播方式不能照搬商业品牌传播的频繁促销、密集广告等方式，过度彰显的宣传方式并不符合大学校园文化的品牌气质。而人际传播和公关传播可以淡化宣传色彩，达到与公众的良好互动。人际传播中的"口碑传播"成为主导的传播方式，建立在强关系链中的口碑传播使传播内容具有更高的可信度，传播目标对象精准，更具有亲和力和感染力，能够发掘潜在顾客，缔结品牌忠诚。比如，德高望重的优秀教师、业绩良好的优秀毕业生，他们身上所承载的品牌形象就可以向社会更好地传达大学校园文化气息。另外，在自媒体盛行的新媒介时代，人人都有"麦克风"，人际传播的范围、时效和信息量都得到了跨越式的发展，是一股不可忽视的新生力量。

二、大学校园文化品牌传播的方法

（一）口碑传播

对大学校园文化品牌而言，口碑更加重要。从大学校园文化品牌的特性来看，大学校园文化品牌的树立是一个长期的过程，尤其对于教育问题，人们对于广告有着天生的排斥心理，而更倾向于相信周围有过经历的人或者社会普遍认可的教育服务体验，因此，口碑传播对于大学校园文化品牌的传播有着相当

重要的推动作用。口碑传播是指具有感知信息的非商业传播者和接收者关于一个产品、品牌、组织和服务的非正式的人际传播。大多数研究文献认为，口碑传播是市场中最强大的控制力之一。心理学家指出，家庭与朋友的影响、消费者直接的使用经验、大众媒介和企业的市场营销活动共同构成影响消费者态度的四大因素。但由于产品信息在消费者和生产商之间存在不对称性，尤其是无形服务、体验式服务所带来的决策风险，消费者不可能完全依赖于广告，在购买产品或服务时倾向于接收口碑信息，甚至主动搜寻口碑传播。当口碑传播信息与口碑接收者自身感知的产品或服务质量基本吻合时，口碑信息就容易影响口碑接收者的购买决策，最终促使其产生与口碑信息相一致的购买行为。即在口碑传播褒扬效应的作用下，消费者会接收传播者推荐的产品或服务；而在口碑传播负面效应的作用下，消费者会放弃选择传播者批判的产品或服务。

目前，在新的媒介生态中，口碑传播也呈现出新的特征，传统的面对面的人际口碑传播产生了重大的变化，因为新的传播技术使口碑传播的内容可以轻易保留，既延长了其作为口碑传播信息的时效，又改变了人际口碑传播的时空限制，使其出现非同地、非同时、非同步的特征。同时必须注意到，网络传播的匿名性使传播主体的网络身份和社会身份脱离；没有了现实社会的道德风险和道德限制，口碑传播的成本大大降低，这些都使口碑传播的影响范围得到了极大拓展。这对于大学校园文化品牌的传播来讲既是机遇也是挑战，因为这种技术"成也萧何，败也萧何"，所以面对新境遇，人们要采取新方法、新理念加以应对。

（二）活动传播

大学校园文化品牌以大学为载体，由大学师生创造和传播，能够体现大学的办学理念和大学的根本精神，是大学争取社会认可和支持的重要途径。每一所大学都有自己的优势和特色，在大学校园文化品牌建设和传播的过程中逐渐生成了一些受众广、影响大、对社会文化引领作用明显的特色文化品牌活动。这些特色文化品牌活动变成了大学的"名片"，同时进一步引领着其他文化活动的繁荣发展，大学校园文化品牌建设已经成为高校综合竞争力的重要影响因子。

从各大高校的文化建设活动中也可以看到对培育文化品牌的重视，如清华大学培养学生志愿公益精神的紫荆志愿文化，将志愿公益精神内化为青年学生的价值追求，获得第七届高校校园文化建设成果特等奖；北京大学的"山鹰社""爱心社"已经成为在社会上具有较高声誉的校园文化活动团体，影响力非常广；天津大学的高雅艺术教育、"北洋大讲堂"等也是在大学文化建设中形成的独具特色并且影响广泛的文化活动品牌；复旦大学的"口述历史"、华南理工大学的"标杆工程"系列活动等都是非常有特色的大学校园文化活动。这样的事例不胜枚举。江苏工程职业技术学院虽然不及著名高校知名度高，但是依然在认真利用活动传播打造校园文化品牌，主要体现在充分发挥江苏工院非遗和文博发展研究中心的作用，调动一切积极因素，广开门路，收集藏品，进一步增加馆藏，丰富文博馆科普展教资源。2020 年印制了《江苏工院文博馆宣传画册》5 000 册，新增了中国纺织业发展史、张謇职教思想资料、杰出校友人物资料和南通色织土布技艺资料等 20 多种内容，研究开发了《仿真绣基础针法图文解说》PPT 教程，录制了刺绣基础针法实样演示视频，并将这些资源渗透到学校教学、科研和生活的各个方面。从这些文化建设活动中也能够看到大学校园文化活动品牌建设的重要性和紧迫性。

（三）公关传播

公共关系的结构是由组织、公众、传播三要素构成的。公共关系的主体是社会组织，客体是社会公众，联结主体与客体的中介环节是信息传播。这三个要素构成了公共关系的基本范畴，公共关系的理论研究、实际操作都是围绕着这三者的关系层层展开的。

公共关系在提高品牌的知名度、树立品牌的良好形象、保护出现问题的品牌等方面的作用已被实践证实。对于公关活动，除了部分公关广告外，大部分的传播方式（如新闻稿等）能否被传播、怎样被传播，其最终的决定权在媒介。公关工作有赖于媒介的支持，必须尽量维持好与媒介的关系。公关的传播原则是以事实为依据，用事实来说话，传播手法上尽量诚挚朴素，不自我标榜，更多地采用让第三者说话或让记者代言的形式来达到传播目的。公关传播的效果一般是较间接的、隐性的，一时不易察觉。

（四）全员传播

大学校园文化品牌传播是整个社会传播体系中的一个子系统，离不开媒介，一切形式的品牌信息最终都必须由特定的媒介传递出去。根据传统的营销传播理念，广告所起的作用处于绝对性的地位，因此，传播者只偏重于分析大众传播媒介及其在品牌中的作用，而没有重视其他媒介的综合作用。随着整合营销传播思想被广泛认可，人们对传播媒介的认识也有了改变。因此，从这个意义上讲，品牌的任何与消费者沟通和接触的活动、介质都可称为品牌传播媒介。一所大学校园的师生员工，也是一个品牌传播的工具，必须与群体发出一致的声音、维持一致的形象，才能维护好整体品牌形象。在这方面，人们必须树立全员意识，从学校的领导到师生员工，每个人都是一个传播源，只有每个人都显示了传播力量，才能形成巨大的传播合力。

第四节　特色案例：高职院校校园文化品牌的锤炼与打造

一、江苏工程职业技术学院文博馆：在创新中传承，打造校园文化建设新载体

为弘扬我国优秀纺织文化、传承张謇职教思想、打造特色校园文化，从2010年起，江苏工程职业技术学院（以下简称"江苏工院"）着手筹建文博馆，并于2012年建校100周年之际正式建成开放。该馆建成至今，接待参观者已逾万人次，受众不但量大而且面广，其中有国家、省、市各级领导，文博、旅游、教育等多行业专家，兄弟高校领导，校企合作企方代表，外籍师生及国际友人，各级各类媒体工作人员，南通市部分中小学学生代表，本校在职在读师生，往届校友，退休教职工等，在宣传张謇职教思想以及挖掘、保护与传承中国家纺文化、沈绣非物质文化遗产等方面，初步发挥了文博馆宣传窗口和展示平台的作用，为特色校园文化建设开辟了一条新的道路。

（一）文博馆简介

江苏工院文博馆是一座融张謇职教思想、沈寿刺绣、中国家纺、南通色织土布于一体的综合性校园博物馆，现有张謇职教思想陈列馆、沈寿刺绣传习馆、中国家纺艺术馆、南通色织土布技艺馆4个特色分馆，建筑面积近5 000平方米，展厅面积约3 800平方米，各类资料、图片、实物展品及藏品4 000多件。它充分运用声、光、电等现代展示技术和展示材料，向观众传播历史文化知识和文化精品，设计精巧，展品丰富，布局合理，服务完善。漫步其间，是感官与精神的双重享受。

文博馆一楼为张謇职教思想陈列馆，该馆收集了张謇创办实业与教育以来各个时期的史料、实物，不但展现了张謇持之以恒兴办职业教育的艰辛历程，而且展示了几代纺院人的共同追求和曾经的坎坷足迹。二楼为沈寿刺绣传习馆，是承继张謇职教思想，集教育、创作、研究、保护于一体的特色场馆，旨在依托学校"知行并进、工学结合"的办学传统与办学优势，利用社会资源，

着力培养高素质的非遗传承人和传习爱好者。传习馆体现了传统文化与时代精神的高度融合，有力推动了沈绣（仿真绣）这一非物质文化遗产的传承与保护。三楼、四楼为中国家纺艺术馆和色织土布技艺馆，共展出文物 500 余件和江苏工院师生自主设计、制作的家纺作品数十件。色织土布技艺馆共分历史文化展示、技艺传承演示、产品研发陈列 3 个主题展区，还特设"土布工艺品制作互动区"供广大学生参与教学互动及艺术创作。

（二）文博馆在校园文化建设中的价值向度

作为大学校园文化建设的重要窗口，江苏工院文博馆肩负着文化传承、发展与创新的历史使命，以"国内一流、彰显特色"为建设目标，以服务师生、服务教学、服务社会为宗旨，是大学生守望传承、薪火相传的精神家园，其文化价值主要体现在以下五个方面。

第一，文博馆是传播先进文化的载体。文博馆突显主旋律和弘扬社会主义核心价值观，通过跨越时空的陈列手段来实现知识信息共享、传统文化与时代精神交织，并凭借其固有的情感凝聚力和艺术感染力，促进人类文明和大学文化的时空对话，为学校和社会发展提供精神动力和智力支持。文博馆的建立正是开启张謇职教文化融入学校、走向社会的有效举措。它收集和整理了张謇创办实业与教育以来各个时期的史料、实物，重点再现了张謇持之以恒兴办职业教育的艰辛历程，表现了张謇实业救国、开启民智的感人情怀和不凡业绩，对研究我国职业教育所需的史料起到了重要的补充作用。同时它作为高校文化建设的重点工程，将成为繁荣先进大学文化、营造育人和谐氛围的重要阵地，成为缅怀先贤伟业、弘扬职教思想、推动高职事业发展的精神动力。学校将借助这一崭新的载体和平台，围绕"文博馆与当代高职教育""文博馆与大学生职业生涯""文博馆与城市现代化""文博馆与社区文化建设"等主题，积极开展富有实效的公益性服务项目和系列教育活动，将源远流长、世代传承的先进的大学文化推向社会、影响社会，促进大学文化与社会多种文化的交融与互动。

第二，文博馆是地方历史文化和爱国主义教育基地。教育是现代博物馆的重要职能之一。江苏工院文博馆拥有大量的图片实物例证，承载着诸多鲜活的历史与文化资源，在弘扬时代主旋律、凝聚爱国主义精神等方面，能对参观者起到震撼心灵、提升境界的作用，是一本思想深刻、催人奋进、励志育人的教科书。现代大学兼具人才培养、科学研究、社会服务、文化传承的功能。文博馆这一大学文化建设的阵地，正是学校对外交流、宣传自身的重要窗口，是真正的区域历史文化和爱国主义教育基地。文博馆在文化建设活动中体现出社区服务理念，为其提供了深厚的文化支撑。通过开展结对共建工程，建立长效运行机制，该校每年举办一次"5·18国际博物馆日活动周"，着力普及文博知识，宣传张謇对实业与教育的杰出贡献。与社区共同组织社区居民参与"行走纺院"、收藏展览、专题研习等文化实践活动，精心策划弘扬爱国主义内容的展览、宣讲等有益于群众凝聚民族精神和国家意识的活动。积极探索未成年人爱国主义教育基地建设工作，与教育局等部门联合组织全市性的中学生征文与文博夏令营，组织学生到文博馆体验生活，让他们从中接受教育、陶冶志趣。

第三，文博馆是社会公众喜闻乐见的精神乐园。江苏工院文博馆不仅是一个参观的景点、研究的平台，还是人们接受职教文化熏陶的家园。文博馆建设和发展的目的是为社会、为广大师生服务。文博馆立足"规模小、起点高、特色鲜明"的办馆原则，以自己所拥有的核心价值（即丰富的历史知识、职教文化、本土特色等），运用各种现代展示手段，发挥展示、教育功能，帮助当代大学生培育正确的职业意识和创业精神，形成科学的职业观。同时，文博馆还在不断扩大服务范围，不仅考虑本校师生、本地区观众的需求，还考虑外地宾客乃至国外人士的需要，正在积极准备建设融知识性、趣味性、服务性于一体的专题网站，进一步拓宽教育服务的渠道和空间，在满足社会公众共享博物馆文化权益过程中，实现文博馆的社会效益最大化。

第四，文博馆进行形式多样、扎实有效的文化交流与合作。文博馆作为高校博物馆，是知识聚集和传播的中心，不仅为高校的教学和科研服务，为专家学者和大学生服务，还承担着与社会同行和仁人志士进行文化交流、开展学术研究的责任。文博馆提供了真实的职教史料、可贵的思想精髓以及厚重的实践成果，凸显了职教文化的价值体系和特殊功效，能够充分发挥好它展现职教特色和风格的窗口作用，加强与同行之间的相互交流，取长补短。在大力发展职业教育的当今社会，人们对职业教育及其模式的认识存在误区，可以通过文博馆提供的相关资讯，达到人们对职教文化了解与欣赏的目的。同时文博馆还要努力深挖潜力，走面向社会、开放办馆、与旅游相结合的道路，着力打造一个管理规范化、服务优质化的教育载体，成为当地文化旅游的重要资源。高校应积极利用这一学术平台，加强与地方有关单位、团体的联系与合作，开展专题学术性研究活动，共同编辑相关资料，探讨职业教育发展的"南通模式""中国道路"，做到求真务实、与时俱进，为促进我国职教事业和文化事业的发展与繁荣做出应有的贡献。

第五，文博馆承载着校园文化育人功效。博物馆既具有史料珍藏价值，也具有不可替代的育人价值。文博馆以其丰富的思想教育资源和独特的教育方式为依托，积极履行为学生成才服务的教育职能，融入校园特色文化建设，配合学校的教育教学与科研，逐步成为学校教育的第二教育系统，成为开放式大课堂。陈列展览提供的信息可以提高师生对职教文化的认同度，提高对区域历史及校本文化的熟知度。馆内陈列展览的许多图文史料都是较为珍贵的，有的还是在社会上第一次展示，如日军侵占南通、学生开展多种活动等历史图片，具有吸引力和感染力，易于为学生所接受并产生共鸣，进而激发学生的爱国主义、集体主义热情，增强学生的民族自豪感和创业的历史责任感。为进一步展示博物馆文化，提升博物馆形象，更好地发挥博物馆加强校园文化建设和服务社会的基本功能，江苏工院文博馆还培养了一支讲解水平高、综合素质好的大学生志愿讲解员队伍。讲解员队伍的建设不仅促进了学校大学生素质教育的发展，提升了大学生的人文素养，丰富了大学生的课余生活，满足了广大青年学生主动接受并传播文化知识的需求，还为热爱博物馆讲解工作的同学提供了一个互相交流、展示自我、挑战自我的平台。

文博馆作为江苏工院校园中一处重要的文化设施，它独特的"文"型的外观、朗朗上口的馆赋、言简意赅的文字描述、历史久远的图片实物、微言大义的丰富内涵和薪火传承的历史情怀都成为对师生进行爱国主义教育、爱校荣校教育、人文素质教育、世界观人生观教育的重要场所，是学校彰显历史和文化底蕴、表达校园文化价值取向的标志。江苏工院文博馆的开放不但为江苏工院百年校园文化内涵的传承、弘扬与发展增光添彩，而且对于弘扬传统文化，展示民众生活智慧、精湛技艺和文化意识具有积极意义。江苏工院文博馆已成为"全国科普教育基地""江苏省科普教育基地""南通市科普教育基地""南通市改革创新教育基地""南通市爱国主义教育基地"。

二、张謇职业教育思想特色校园文化品牌简介

张謇是中国近代著名的实业家、教育家，他秉承"实业与教育迭相为用"的理念，开辟了一条实业救国、教育救国的新路。张謇在 20 世纪所开创的中国职业教育现代化实践，示范于大江南北，体现了世界眼光和国际水准，是职业教育继续发展的十分宝贵的历史遗产，值得传承和弘扬。江苏工程职业技术学院是张謇在 1912 年创办的在纺织专门学校基础上复建和发展起来的高职院校，传承张謇职业教育的衣钵，弘扬张謇"忠实不欺、力求精进""学必期于用，用必适于地""知行并进"等职业教育思想，并且不断吸收现代高职教育

新成果，积极开展人才培养工作，形成了特色鲜明的办学理念、首重道德的人才培养体系、知行并进的人才培养模式，张謇职业教育思想已经融入学校办学理念、校风、教学改革、校园文化活动、校园景观等方方面面，成为学校创新发展的深厚文化底蕴和强大精神动力。学校跻身于百所国家示范性高职院校行列，"知行并进、学做合一人才培养模式的实践"教学改革成果荣获江苏省教学成果特等奖、国家教学成果二等奖。该校举办了首届全国张謇职教思想学术论坛，全面展示了传承和弘扬张謇职业教育思想的成果，行业专家对该校高水平的办学成果和富有特色的办学经验给予了高度肯定。该校着力培育张謇职业教育思想特色校园文化的具体做法有以下几点。

（一）成立张謇职业教育思想研究会，为开展张謇职业教育思想研究宣传教育活动提供组织保障和理论支撑

该校于 2006 年 4 月成立张謇职业教育思想研究会，以校内张謇思想研究的专家、学者和爱好者为主体组建学术团体，现拥有会员 60 名，邀请南通张謇研究中心张廷栖等 10 名专家为顾问，着力培养了 10 多名骨干成员，形成了一支老中青结合、骨干团队积极参与的张謇职业教育思想研究宣传教育队伍，共表彰 10 名优秀工作者。

研究会注重理论研究，每年都制订工作计划和研究指南，发布征文通知，开展论文评比、年会学术交流，引导会员紧紧围绕学校人才培养中心工作，应用辩证唯物主义和历史唯物主义的观点方法研究张謇职业教育思想和中国近现代职业教育思想，为该校高职教育的创新发展提供理论支持。自成立来，研究会共组织召开 9 届年会、1 届全国张謇职教思想学术论坛、多场学术交流和研讨活动，立项省、市、厅和校级相关课题 10 多项，在省级以上刊物发表相关论文近 70 篇，出版研究文集 2 部、专著 1 部，成果获得南通市第十一次哲学社会科学优秀成果奖三等奖、纪念中国近现代职业教育发轫 150 周年全国论文征集评比一等奖、首届张謇研究全国青年学术研讨会优秀论文二等奖、张謇廉政思想研究专题征文二等奖、张謇廉政思想研究专题征文三等奖。

（二）传承张謇职业教育思想，创新现代高职教育，构建"知行并进、学做合一"人才培养模式

该校弘扬张謇"德行必兼艺而重"的思想，注重大学生思想政治教育和职业素养的培育，开展诚信教育、基础文明教育、心理健康教育、法纪教育、廉洁教育、励志教育，校风教风学风纯朴厚重，荣获"江苏省高等学校思想政治教育工作先进单位"称号、江苏省高校学生教育管理工作创新奖和全国高校学

生公寓文化建设优秀成果一等奖。

该校弘扬张謇"学必期于用，用必适于地"的职教思想，创新高职教育教学理念，不断探索工学结合、政校企合作人才培养模式，大力推动"产、学、研"一体化建设，积极服务地方经济社会发展，不断扩大国际合作交流，取得了可喜的办学效益、经济效益和社会效益。该校人才培养改革的系统实践，形成了一系列典型经验、特色做法和改革成果，人才培养质量高，毕业生对母校满意度高，毕业生深受用人单位欢迎，教育教学改革实践6个案例入选江苏省教育厅组织编写出版的《江苏省高等职业教育改革与发展创新案例集》，学校荣获"全国职业教育先进单位""全国纺织教育先进单位""江苏省文明单位""江苏省职业教育先进单位""江苏省教学工作先进高校""江苏省职业院校技能大赛先进单位""全国高校毕业生就业工作典型经验高校50强"等一系列荣誉称号，"张謇职教思想研究与现代高职教育的创新实践"获得中国纺织工业协会教学成果三等奖。

（三）大力开展张謇职业教育思想宣传教育，推动特色校园文化建设常态化、制度化

该校开设张謇人生成长与事业发展选修课，出版教材1部，推动张謇职业教育思想进课堂、进教材、进头脑。同时成立张謇文化研究学生社团，开展"张謇文化月"活动，举办专题讲座、学生研讨、展览、征文、追寻张謇足迹等形式多样的活动，着力用张謇的企业家精神和"双创"思想培育学生的创新创业素质，推动张謇文化教育活动的常态化、制度化、有序化，努力在大学生中弘扬张謇职教思想。

（四）搭建张謇元素的校园文化教育平台，营造浓厚的特色文化环境

该校建设集研究、保护中国纺织职业教育发展史于一体的多功能文博馆以及张謇文化长廊、张謇文化墙、张謇元素的校园景观和标识，在教育教学场所布置张贴张謇名言警句，为学生健康成长营造浓郁的文化氛围。文博馆每年接待海内外社会各界参观者、研习者逾万人次，成为"全国科普教育基地""江苏省科普教育基地""南通市改革创新教育基地""南通市爱国主义教育基地"。

该校与南通博物苑、江苏大生集团、海门沈绣艺术馆、南通纺织博物馆等单位共建张謇职教思想教育基地，为开展张謇职业教育思想实践教学提供平台。该校建设张謇职业教育思想研究会网站，学报开辟张謇研究专栏，图文信息中心建设张謇职教思想特色数据库，打造稳定的张謇职教思想学习、宣传和学术交流平台。

该校党政高度重视文化育人和文化的传承创新，自觉以社会主义核心价值观为引领，将传承张謇职业教育思想与创新现代高职教育有机结合，在持续深入的实践中精心培育集张謇历史印记、南通区域特色、现代高职教育特质于一体的特色鲜明、影响广泛、声誉显著的校园文化。张謇职业教育思想特色校园文化已经成为该校人才培养工作靓丽的文化名片。不仅如此，为了发扬张謇企业家精神，该校正在积极建设张謇企业家精神在线课程。

三、汲取张謇文化精髓，打造高职特色文化

江苏工院在高职教育的办学历史和实践中，充分汲取张謇职教思想这一传统文化中的有益成果，以提高人才培养质量为目标，以精神文化、制度文化、行为文化和优良的环境文化为载体，以建设优良的校风、教风、学风为核心，以树立正确的世界观、人生观、价值观为导向，弘扬"自强不息、敢为人先"的纺院精神，逐渐形成了具有高职特色的高品位的校园文化体系。

（一）传承张謇职教思想，提出构建高职特色校园文化体系的新思路

校园文化是以学生为主体，以校园为主要空间，以育人为主要导向，以精神文化、环境文化、行为文化和制度文化建设等为主要内容，以校园精神文明为主要特征的一种群体文化，是学校精神在物质、制度和行为等层面的蕴涵和积淀。校园文化建设的最终目的在于，以校园为阵地，使学生接受多层次、多角度、多方位的知识、情趣、技能的熏染和锻炼，培养以有理想、有道德、有文化、有纪律的四有公民为目标的面向现代化、面向世界、面向未来的社会主义建设者与接班人。高职特色校园文化建设，则是结合高职院校学校建设、事业发展、人才培养的特点，提出的全新思路，它以培养生产、建设、管理、服务第一线的高素质技能型人才为目标，以校园文化设施环境、文化精神产品、工学结合文化制度以及文化娱乐活动为载体，以多年积淀的办学特色、专业特色、课程特色、区域特色、人文特色和行业企业背景为特点，引领学生实现理论与实践、知识与经验、学识与阅历、历史与现实的融合汇通，从而达到职业素质及其综合能力的明显提升。高职特色校园文化建设说到底是基于学生的职业发展，为全面提高学生的职业素质，熔传统文化、企业文化、校本文化于一炉，集精神文化、制度文化、行为文化和环境文化于一身，从而探索出一条文化育人的新路径。

张謇既是我国近代著名的民族实业家、教育家，也是近代职业教育的拓荒者和奠基人，更是南通纺织职业技术学院的创办人。他主张的"学必期于用，

用必适于地"即强调职业教育必须为地方社会发展培养实用型人才的教育理念，长期以来影响着学院的广大师生员工，孕育了深厚的文化底蕴。在新的历史条件下，该院构建的高职特色校园文化体系，是在传承张謇职教思想精髓及其深厚的文化积淀的基础上，与时俱进，积极探索既具有传统文化底蕴又洋溢时代精神的"知行并进，学做合一"的人才培养模式，以增强学生的职业精神和职业素质为诉求的高职校园文化体系，是集传统文化、企业文化、学校文化"三位一体"的复合型职教文化体系，是具有特色鲜明、底蕴深厚、充满活力的校园文化品牌。

（二）围绕张謇职教思想，探索高职特色校园文化体系建设的新路径

江苏工院在校园文化建设中始终坚持张謇职教思想和现代高职教育理念的有机结合，并使之内化为教师在校企合作中发展、学生在工学结合中成才的自觉行动，实现了理论研究与实践创新、历史厚重感与时代精神、物质力量和思想武器、模式和制度的统一。

1. 推进以张謇职教思想研究、宣传为主体的精神文化建设

学校加强了张謇职教思想研究会的建设，建立了一支专兼结合的张謇职教思想研究队伍，建立和完善了张謇职教思想学术交流、报告会制度；扎实开展张謇职教思想的教育教学活动，加强了校本课程建设，建立和完善了相关教学文件，开设了张謇职教思想选修课，编著了《张謇实业与教育思想概论》《张謇人生成长与事业发展读本》《张謇职业教育思想论》等教材和学术专著；大力开展以弘扬张謇职教思想为主题的宣传、教育及相关文化活动，创建了"张謇文化月"主题系列活动品牌；加强了张謇职业教育思想教育基地建设，做好了与南通博物苑等单位的教育基地共建工作，同时不断扩大教育基地数量，规范基地制度建设，完善基地教育机制；拓展了张謇职教思想舆论宣传阵地，认真办好学报张謇职教思想研究专栏、院报张謇职教思想研究专版、高职理论与动态专题，并维持张謇职业教育思想网站正常运转。

2. 推进以服务于工学结合人才培养模式为核心的制度文化建设

学院建立了以章程为统领、院系两级效能管理为基础、具有文化管理特色的行政管理制度体系和适应工学结合、产学合作、项目教学要求的教学管理制度及其质量标准体系与监控体系。学院继承张謇"首重道德"的管理思想，建立健全学生顶岗实习、工学交替"跟进式"管理制度，形成"学校、企业、家长、学生四位一体，党、政、工、团齐抓共管"的教育管理工作机制。建立与工学结合方式相适应的学籍管理制度，完善学分制与弹性学制，以利于学生自

主选择课程和学习方式，支持学生工学交替、半工半读、分阶段完成学业；结合课程体系建设，按照完成一个完整学习任务的要求进行课程单元化改革，以提高课程教学安排的灵活度；强化实践教学环节，尤其是实习、实训阶段的教学管理，建立校内外实训基地的管理制度，完善学生顶岗实习的组织管理制度、考核鉴定制度等。改革学生学业考核方式和考核管理制度，建立以能力考核为核心、以过程考核为重点的考核评价体系。尤其注重综合能力测评，将学生自主学习、创新活动、能力提高程度等纳入考核评价体系，吸收用人单位参与评价。实施教学管理系统的升级改造，完善其功能，实现管理制度上的创新。

3. 推进以弘扬和实践张謇职教思想为目标的物质文化和行为文化建设

完成校区整合后，学院统一规划、精心设计、合理布局，完成了体现张謇元素的校园景观标识系统建设和以张謇职教思想为核心的特色校园文化景观建设，筹建张謇职教思想陈列馆，在校内实习实训场所张贴张謇语录，采用张謇元素对各类建筑物命名，建设"张謇文化长廊"，营造了浓厚的特色校园文化环境，让张謇职教思想融入校园的每一处物质环境，赋予教室、实训车间和主要活动场所职教文化的蕴涵，使学生受到张謇职教思想潜移默化的熏染。

江苏工院推进了以校风建设为龙头的"三风"（教风、学风和工作作风）建设和"三创"（创新、创业、创优）建设，认真制订了"魅力校园育英才行动计划"，积极打造"红色校园、活力校园、技能校园、创业校园、公益校园"，举办"张謇文化月"系列活动、"示范院校的学生理应成为高职学生的示范"大讨论活动、校歌大家唱活动，以及大学生校园文化艺术节，积极组织开展"沿着张謇的足迹"大学生暑期社会实践活动、青年教工团支部创建省级青年文明号活动。江苏工院坚持以学生为本的教育理念，实行思想素质、人文素质、科学素质、职业素质"四位一体"的素质教育，创新大学生思想政治教育工作载体，在大学生中实施"四四三工程""二五六行动"等系统教育工程，即以"四成"（成长、成人、成才、成功）教育为目标，以"四文明"（心灵文明、学业文明、就业文明、生活文明）教育为内容，以"三全"（全员、全程、全方位）育人为途径，每年针对学生思想动态突出重点，开展两大主题教育活动（诚信教育月、基础文明建设月），有效实施大学生公寓文化建设"新五进工程"（思想政治教育进公寓、先进文化进公寓、心理健康教育进公寓、法纪安全教育进公寓、信息化服务进公寓），系统开展"关爱六困生行动"（即重点开展关爱经济困难、心理困难、身体困难、学业困难、就业困难、守纪困难学生），增强大学生思想政治教育工作的合力和效果。学校创建了"纺院大讲坛"

校园文化品牌，成立了40余个学生社团，构建了以南通纺院精神、校训、校风、学风、教风和工作作风为内容的校园精神体系和价值体系。

（三）践行张謇职教思想，开拓高职特色校园文化体系建设的新局面

江苏工院大力加强张謇职教思想和实践的研究、宣传、教育，以校园创新文化体系建设为抓手，在继承和弘扬张謇创新创业精神的同时，不断实践和丰富张謇的职教思想，与时俱进，开拓创新。该院遵循张謇"学必期于用，用必适于地"的职教理念，适应新时期"长三角"区域经济和行业发展需要，积极探索为行业和地方经济社会发展服务的最佳路径；以张謇"实业与教育迭相为用""父教育而母实业"为统揽，不断探寻"厂中校、校中厂"等校企合作的新形式、新体制；按照张謇"知行并进""学问兼理论与阅历乃成"的要求，大力推行工学结合、学做合一的人才培养模式及其有效实现方式；以张謇"首重道德，次则学术"思想为依据，实施了以学会做人做事为主旨，以强化职业道德、人文精神和社会生活素质为主线的公共基础课程体系的重构，建立了基于工作和社会生活过程有机结合的高职课程体系；根据张謇"以生计为先"的职教主张，从思想上解决了职业教育为什么办学、为谁办学的问题，牢固确立了以服务为宗旨、以就业为导向的理念，探究和实践了更多更好的服务地方、服务高职生就业的新渠道、新机制。

特色校园文化建设推进了以张謇职教思想陈列馆、中国家纺艺术馆、沈寿刺绣传习馆等为主要内容、面向全体师生及校内外文博爱好者的文博馆的建设，进一步充实和丰富了南通的文博事业，使人文魅力与自然风光相得益彰的环濠河文博馆群再添新馆，并以其整体面貌和形象为南通"文博之乡"作了极好的诠释，丰富了南通"中国近代第一城"的历史文化内涵。学校以仿真绣基地和仿真绣鉴赏课程建设为依托，培养仿真绣传人；以百工坊工作室为平台，培养蜡染、蓝印花布制作等传统工艺人才，推动了南通非物质文化遗产保护工作的进一步开展。院服装表演专业的师生参加了由国家文化和旅游部、江苏省政府和我国驻尼泊尔大使馆共同举办的"第四届尼泊尔中国节——感受江苏 走进南通"大型活动，为中尼两国的文化交流增添了精彩的篇章。南通纺院大学生艺术团、老教师合唱团、青年志愿者小分队纷纷走进企业、走进社区、走进乡村，送科技、送文化，参加"濠滨夏夜"文艺演出，为地方文化事业的发展及其和谐社区、人文社区的建设做出了贡献。

作为国家示范性高职院校建设单位，该院始终把文化兴校、文化育人作为学校建设发展的重大原则和核心举措，努力把校园文化建设与学院的发展定

位、专业建设和办学特色结合起来，与学院的文化底蕴和人文精神结合起来，逐步形成具有该院独特个性和与时俱进的精神文化、制度文化、行为文化和环境文化，促进学院向具有高尚的思想道德情操、浓厚的人文底蕴、求实的创新风气和一流的和谐环境的院校迈进。

第六章　个性发展——新时代大学校园文化建设的趋势

第一节　建设要义：校园文化个性化建设的内涵及重要意义

一、大学校园文化个性化的内涵

个性即特色，是高校在校园文化建设过程中逐步形成、传承并被社会公认的、独特的、优秀的和富有开创性的文化特色和个性风貌。对于学校来说，特色就是水平和实力，特色是学校在长期发展历程中形成的比较稳定的发展方式，是一所学校赖以生存与发展的生命线，也是它的优势所在。

从大学校园文化自身来讲，一方面，由于它属于学校建设中的一项内容，各高校的校园文化建设具有相对一致的目标体系，因此，大学校园文化建设存在一定的共性。另一方面，由于学校的产生背景、学科领域以及生源类别都存在很大的差异，因此，在其自身发展过程中所形成的文化也千差万别，这是大学校园文化的差异性和特殊性。而大学校园文化建设正需要这种个性，每所高校的校园文化都应有自己独特的风格，所以，只要努力在没有违背客观规律的前提下，既把握自己的与众不同之处，又能充分发挥自身的优势，这样的"个性"就是可取的。

正如英国的牛津大学和剑桥大学，两校在历史上曾经是同一所学校，但在后来的发展中，两者虽皆闻名于世，但其大学校园文化表现出不同的个性：牛津大学更重视传统、严谨，更具有人文精神；而剑桥大学则表现为重视创新，活跃，更具有科学气息。在二者不同的文化氛围中所熏陶出来的代代学子都在不断传承各自的学校文化传统，并在此基础上加以创新。

二、大学校园文化个性化建设的重要意义

大学校园文化建设的个性化发展是高校适应教育竞争、满足科技和经济社会发展的需要，也是高校教育国际化发展的客观要求，所以，各高校有必要根据本校的特点和具体环境进行具体的设计定位，坚持创造能突出自己个性的大学校园文化风格，彰显本校鲜明的特色魅力。但是，就大学校园文化整体发展现状来讲，有些学校在推进实体文化、制度文化建设，尤其是促进观念文化的核心——学校精神的过程中，尚未注重体现各学校自身的特点、历史渊源和发展趋势，大学校园文化建设趋于一般化，个性不明显。大学校园文化是体现学校办学特色的主要标志之一，具有鲜明个性的大学校园文化使人一走进校园就能深切地感受到学校的特点，包括学校的办学方向、培养目标等。因此，从某种意义上说，所谓办学特色就是在创建文化上有自身特色的学校。所谓学校个性化，也就是体现在各校不同的学校文化上。

第二节　明确重点：大学校园文化个性化建设的决定性因素

大学校园文化建设要与社会、经济、文化等的发展需要相适应，与学校所处的位置、所承担的任务相适应，与学校发展战略相一致，是引领学校向新的目标迈进的一种文化导向。在学校的每一个新的发展阶段或调整时期，在确立新的学校文化时，都要深入调查分析本校战略发展定位，提出恰当的办学思想、办学理念与群体价值观、发展观及确定恰当的阶段性建设目标与长远目标，这是校园个性化文化建设的前提与基础，也是建设优良大学校园文化的必要条件。

一、地域文化的影响和制约

地域文化，是按照地域界定而出现的文化类型，是某一地区地理环境和民族发展所呈现出的文化形貌。地域文化的产生和成型，既脱离不了环境和历史这两大要素，也脱离不了时间和空间的一体化结构。学者刘志强、吴芸在《弘扬地域文化　创造人文校园》一文中说到，在时空范畴中，侧重于时间的表现为文化史，侧重于空间的则表现为文化地域。地域文化作为大学校园文化的土壤，给予大学校园文化以极大的影响；而大学校园文化又以其开放性、批判

性和创造性反作用于地域文化，推动着地域文化的发展、变更。学校发展的趋势是融于社会，在走向社会舞台中心的同时，其空间也必将越来越与现代都市融为一体。学校以其古朴、典雅、厚重、执着的人文景观和学术精神向市民开放，带动地域精神文明的健康繁荣，为地域注入新的文化内涵。因此，学校应以创造地域文明为己任，以良好的人文校园为现代文明树立时代楷模。地域对大学校园文化建设的影响主要体现在以下三个方面。

（一）校园精神文化建设与地域文化结合

校园精神和时代、地域密切相关，是学校和社会互动的产物，也是学校与地方文化碰撞的结晶。不同的地域文化在很大程度上影响着该地区学校的校园精神文化特点。下面以关东文化和湖湘文化为例进行阐述。

关东文化是一种移民文化，它是在汉族移民大量移入东北成为关东主体居民后形成的。关东大地上既有汉族古典建筑和满族的建筑，又留下了一批俄式、日式的建筑。这样的地域文化特色对于东北各学校的大学校园文化建设有着深远的影响，同时，人们在进行大学校园文化建设的过程中，要继承优秀传统文化，实现多元文化组合，从校园景观建设方面突出关东文化的特色。湖湘文化是中华文化的重要组成部分。湖湘文化的精华主要体现在四个方面：心忧天下、百折不挠、敢为人先、兼容并蓄。百年来，湖湘人在这种文化的浸润下形成了一种独特的人文气质。

（二）校园物质文化建设与地域文化结合

学校的物质文化主要指学校地域范围内构成学校整体环境的物质设施，具有直观、外在、形象的特征。学校物质文化建设必须根据科学性、整体性、艺术性相统一的原则，对每一处建筑、每一个景点都要高标准要求、高起点建设、高品位设置，融人文性、科学性、教育性为一体，让学校的建筑充满灵性，深挖大学校园文化内涵，突出自身特色。地域文化是校园场所精神的实质，是师生对校园的认同感和归属感的根基所在。每个校园都有其独特的地域特色，应根据学校的性质充分利用这些特点，在校园景观中体现其丰富的人文资源及历史内涵，使之成为独特的校园景观。

特色塑造可从学校的办学主体、办学思想、管理制度、学校的历史等多角度挖掘，地域文化中的人文精神、英雄史迹、杰出人物、文明遗迹也是建设特色校园人文景观的丰富源泉，真正做到"一山一水都会讲话、一桥一亭都是文章、一花一草都有思想"，使学校的建筑设施处处是景点、个个是老师，让学生从无生命的物体中体味出生命的真正意义，以激发他们对理想的追求和对生活的热爱。

（三）校园制度文化建设与地域文化结合

学校的制度文化是学校精神文化的具体体现，学校师生员工的行为又是以学校制度文化为依据的。因此，学校管理者要努力使学校制度文化形成一个制定、实施、遵守、监督、总结、反馈的完整的封闭系统，并使之与学校的科学管理相结合，参与到整个学校管理的大循环之中，这样才能赋予制度文化更强的生命力。由于学校制度的制定、师生员工良好行为习惯的形成都要受到学校的自然环境、人文环境和社会环境等因素的影响，学校的制度文化与行为文化建设必须凸显地域文化特征。

二、独特的学校历史文化传承

大学校园文化的形成不是一个短期过程，它必须在长期的过程中逐步为社会所接受、认可，并显现出特有的社会价值，它通过学校师生一代一代默默地传递下去。这是一种潜移默化、滴水穿石的巨大力量。学校的历史沿革、精神、传统逐步形成了其独有的文化氛围，也形成了其独具特色的文化形式。现代世界无论有多新，总是扎根于过去，过去是人们赖以生存的土壤。

北京大学的"兼容并蓄""爱国、进步、民主、科学"与清华大学的"厚德载物、自强不息"都是对学校文化的传承和历史的延续。哈佛大学的校训为"让柏拉图与你为友，让亚里士多德与你为友，更重要的是让真理与你为友"，在哈佛大学此后两百多年的历程中，"真理"一词成为一种超越时空的永恒。另外，在学校历史较短、文化传统并不明显的情况下，要善于归纳、总结自身的文化形态，要通过一代又一代人的努力形成自身的文化传统。传统文化是在历史的进程中逐步形成和完善的，只有具备了文化的先进性和特色，这种传统文化才具有世代相传的生命力。

因此，在大学校园文化建设中，一定要重视文化历史的继承和发扬，善于利用大学校园文化长期积累的精神传统。学者双永青、武显微在其《试论大学特色校园文化的建设》一文中论述到，学校肩负着守护人类世代积累起来的文化资源和精神传统的重任，学校就是运用文化传统中的人格标准来培养学生，使他们成为社会的表率。在这个培养过程中，文化传统得以保存和发扬、继承和发展。只有接受传统文化，大学校园文化才具有源远流长的深厚精神底蕴和特色。说到底，学校就是通过文化来培养人、创造人。学校的出现，就是为了继承文化、传播文化、创造文化，通过文化的继承、传播和创造，促进受教育者的社会化、个性化、文明化。学校的教育教学过程，实质上是一个有目的、有计划的传授文化的过程。所谓教书育人、管理育人、服务育人、环境育人，说到底都是文化育人。学校传统、学校精神，实际上是学校的文化传统、文化精神。所谓校训，可以说是一个学校对其文化传统、文化精神的理性抽象和认同；所谓校风，可以说是一个学校对其传统、精神、校训的文化自觉和习惯。不同的传统、精神，不同的校训、校风，是学校的"文化名片"、绵延的"文化基因"，是它们构成了学生思想和行为的不同"文化模式"，在一定意义上可以说，学校即文化。只不过学校不同，传授的文化侧重点也不同。

三、特色办学理念和学科特点

（一）办学理念

一所学校要实现预定的发展目标，发展战略及其核心理念的厘清及定位是极为重要的起始环节。因为观念是行为的先导，教育理念的准确定位是一所学校走向自主、走向特色的必由之路。

办学观念，是指对学校发展的定性、职能和特色的认识，也就是要把这所学校办成怎样的学校和怎样办成这样的学校。办学理念是为了实现办学目标，依照教育规律而确立的办学思想和教育观念。办学理念是学校精神的结晶，是学校的灵魂，是一所学校办学特色形成的基石，它支配着学校的办学方向，直接关系到人才培养的特色与质量，因而对学校的发展至关重要。学校作为培育人的教育组织，要实现体制性的生存和特色化的发展，就必须使自己成为自主发展的系统。

不难看出，学校的办学理念不仅表示着质量规格，还表达着学校的承诺，更寄托着学校的特色追求。有什么样的理念就有什么样的校魂，就有什么样的大学校园文化特色。学校办学特色实际上是办学理念个性化的体现，学校特色建设和领导者的办学理念一脉相承。实践表明，只要学校办学理念明确，能具体化为教师和学生的行动，大学校园文化就能形成自己的特色。

（二）学科特点

如果说办学理念更多地来源于学校自身的定位，那么学校的学科特点则更多地来源于自身的历史沉淀以及外部环境对于学校的要求。我国教育方针决定的教育目标是培养德、智、体、美全面发展的社会主义建设者和接班人。但这个目标在各类学校有不同的具体化表现：理工科院校培养的是德、智、体、美全面发展的工程师和科学家；文科院校培养的是德、智、体、美全面发展的政府干部和社会科学工作者；师范院校培养的是德、智、体、美全面发展的人民教师等；医科院校培养的则是德、智、体、美全面发展的医生和护士以及其他医务工作者。各类学校都会狠抓自己的学科特色，制定不同的人才培养目标和规格。

不同的学校要根据自己的学校特点科学地设计出体现其个性化的大学校园文化，从而展示出自身的文化优势和文化特色。就高校来说，目前我国高等院校已经达到了 1 500 多所。这些高校之间存在层次上的差别，有的历史悠久，有的时间短暂；有的规模庞大，有的规模较小；有的以文科为主，有的以理性见长；有的是综合性的大学，有的是理、工、农、医、师等专业性大学；有的是公办的，有的是私立的；等等。不同高校之间客观存在的差异决定了大学校园文化建设的不同性质和特点。不同高校在遵循校园文化建设一般规律的基础上，必须根据学校自身的特点来选择大学校园文化建设的思路和方法，形成个性化的办学目标和人才培养模式。历史文化积淀是大学校园文化建设的无形资产，在一定程度上规范着大学校园文化发展的方向。新时期，高校在激烈竞争中快速发展，要想在吸引人才、培育人才方面具有感召力，就必须自觉地将个性化作为大学校园文化建设的内在目标。在实践活动中，人们可以看到，不同的学校精神所造就的学生气质往往存在很大的差异。例如，北京大学学生的典型特征表现为正直、正义感强、对民主和自由执着追求；而严谨和朴质的精神在南京大学学生身上则体现得非常明显。

大学的声誉和实力依赖于学科建设的水平，而高水平的学科建设又需要有与之相适应的价值取向、科学精神、治学态度和团队精神等方面的人文精神。特色学科与特色校园文化两者之间是相辅相成、密不可分的。例如，理科学校中，"理"的目标是探索客观世界的规律，是"顶天"的。由此可以推断，理科学校和工科学校所营造的大学校园文化氛围肯定是有所不同或者说差异很大的。综观世界著名大学，除了学科门类齐全、综合性强外，更主要的是这些学校都有自己独具特色的世界公认一流水平的学科。越是著名大学，就越有自己的特色学科。例如，哈佛大学是培养政治家的摇篮，剑桥大学的物理学科有多人获得诺贝尔奖，牛津大学的数学学科举世公认。特色学科是衡量一所大学的关键。需要注意的是，虽然一流大学都有自己一流的学科，学科建设也都各具特色，但即使是世界一流大学，也非样样都强，无法在所有方面都达到一流水平，他们也会有自己的薄弱环节。譬如，闻名于世的哈佛大学就没有自己的工学院，但这丝毫不影响它作为一所世界知名大学的地位和声誉。所以，无论哪一所大学，都应该合理定位，量力而行，选准自己的方向，办出自己的特色。

杨振宁教授曾说过："一所大学如果有三四个左右的学科在世界上处于领先地位，这所大学就可以说是一流大学。"

当今时代，学科自身发展和社会需要都在发生极大的变化，现代学科建设的显著特征是注重学科之间的交叉与综合。交叉学科是现代科学体系中生命力最强、对社会的作用最大、发展前景最好的学科，在新一轮的大学竞争中，成功营造良好的大学校园文化环境也要看谁能在学科的整合、交叉上集优势、创特色、树品牌、争一流，因此，学科建设应以自身特色与重点为基础，前瞻性地顺应科技发展的潮流，重点扶植新兴学科、交叉学科和边缘学科。例如，中南大学提出了学科发展和建设新思路，以工科、医学等优势学科为依托，通过多学科高水平的交叉融合，建设一批有特色的重点学科。这种先进的思路导向必然会为其形成大学校园文化的个性化特征创造有利条件。

四、校园主体的魅力所在

（一）领导者的人格魅力

所谓人格，是一个人品质、意志和作风的集中体现，有着强大的感召力和影响力。领导者的人格魅力指学校领导者的为人、决策和管理等在师生中形成的威望和信赖度，是领导者性格、气质、能力、思想和道德的总和。领导者的人格魅力对师生员工的影响很大，可以说领导自身思想素质和言行都会对全校学生乃至整个大学校园文化氛围产生极大的影响。实践证明，空泛而抽象的说教不受欢迎，榜样和表率的作用却最直观、最富感召力。学校领导良好的人格魅力会成为师生人生态度、价值取向和道德品质方面发展和塑造自我的"社会参照系数"，这样一个良性辐射效应必然对大学校园文化建设的个性化发展起到促进作用。大学校园文化反映了一个学校的办学水平，体现了校园的人文精神，能塑造良好的精神风貌。大学校园文化的最大特点在于它在潜移默化地、有意无意地影响、同化环境中的每一个人。

苏联教育学家乌申斯基曾说过："在教育中一切以教育者的人格为基础，因为只有人格才能影响人格，只有性格才能形成性格。"[1] 所谓"其身正，不令而行；其身不正，虽令不从""亲其师，信其道""桃李不言，下自成蹊"，这些古语在一定程度上道出了教育者人格魅力对大学生全面发展的重要作用。学校领导者高尚的人格是本性的悄然外投和表征，时刻闪烁着真诚的光芒，和真理

① 高婷婷.思想政治教育视域下大学校园文化建设研究 [D].西安：西安科技大学，2014.

的力量结合在一起，就会使人心悦诚服，产生敬佩、信赖和亲切感，具有凝聚力、向心力和感染力。具有高尚人格魅力的领导者在大学生心中充当着示范者的角色，其言行很容易形成大学生的榜样，这种精神状态和外在气质渐渐构成了大学校园文化的优质因素，从而使个性化大学校园文化建设的有效性得到大大增强。

因此，为了建构有个性、有特色、有魅力的大学校园文化，为学校的全面发展提供巨大的能量，学校领导者必须要以更高的起点、更高的标准来要求自己，提高个人素质，使自己具备符合社会进步需要、符合时代精神的人格魅力，真正做到以德服人、以才领人。在这个过程中，领导者不但要加强学习，努力提高知识素养，大胆实践，提高业务素质，勤于思考，善于总结，言行一致，形成良好的作风素质，关心学生，真正为学生办实事，而且要注意有自己独特的工作风格，要真正认识到创新才是属于自己的风格，才是与众不同之所在。诚然，领导者人格魅力的塑造绝非朝夕之功，需从大处着眼，从小处入手，严格要求自己，时时雕琢自己。只有这样，领导者的表率和模范作用才会发挥得淋漓尽致。领导者的形象才能丰满，大学校园文化氛围才会更具魅力，学校的发展才会迅速。领导者只有不断加强人格修养，才能符合新时期对学校领导者和政治干部的高标准和严要求，才能为形成良好的大学校园文化氛围创造有利条件。

大学校园文化既承担着育人的重要职责，也承担着引领社会文化的重要任务。大学校园文化建设实现个性化发展离不开历史文化传统、学科特色和优势、领导者的办学理念和人格魅力等因素。在新的历史时期，应当用创新思维深入研究大学校园文化的内涵，坚持与时俱进，切实加强大学校园文化建设的个性化发展，充分认识到其个性化发展的决定性因素，进而使其成为加速大学校园文化稳步持续发展的重要动力。

（二）教师和学生的精神气质和精神追求

教师和学生的精神气质和精神追求主要是指教师和学生的价值观念、道德品质、知识层次和结构、审美趣味、思维方式、行为处事习惯等。

大学校园文化的建设从根本上来说离不开其主体——人。人作为文化选择的主体，在社会认可的范围之内，可以根据文化选择对文化做出多种以至无数种不同的选择，而主体对于文化所作的选择与其在文化上的修养、所具备的精神气质和精神追求有着密切的关系。人的文化选择有着较强的主体性特点。司马云杰在其所著的《文化悖论：关于文化价值悖谬及其超越的理论研究》序言中提到人对于客观的文化世界，无疑是主体。这种主体性不仅表现在文化世界的创造上，还表现在人对文化世界价值、意义的判断和选择上。如果主体具有较强的文化选择能力，就能够较为准确地挑选和吸收文化的精髓，剔除其糟粕；相反，如果主体不具备较为成熟的文化选择能力和鉴别能力，那么其很有可能良莠不分。因此，教师和学生的精神气质和精神追求是建设特色大学校园文化的重要基础。

教育者是文化选择与传递的主导者。作为教育者，教师在学校教育的文化选择中扮演着十分重要的角色。教育者本身作为一种文化载体，其价值观念、道德品质、知识层次和结构、审美趣味、思维方式、行为处事习惯等也在各方面影响着教学活动，潜在地影响着学生。这就意味着，只有当教师成为文化选择的积极支持者和主动的参与者，真正领会和掌握所选择的文化并在思想和行动各方面同所选择的文化保持一致时，才能使之得以顺利传递，学校教育预期的文化选择功能才能真正得以实现。在大学校园文化建设过程中，学生不仅是教育过程中的主体，还是实际上的主体，他们在接受外在的文化影响时，对于大学校园文化建设也起着积极的作用。在大学校园文化建设过程中，学生的主动参与、积极投入是十分重要的，他们一方面在继承和接受人类已有的文化，另一方面又成为形成和创造大学校园文化的主力。学生是学校中的一个特殊的群体，虽然他们承受着教师的影响，在一定程度上有着与教师文化相同或相似的特征，具有大学校园文化的普遍性，但是由于学生身心发展的特定需要，社会经历、生活环境、角色任务的不同，学生与教师在价值观念、思维形式、道德准则、行为规范、审美情趣等方面并不完全一致，他们不仅有自己的文化理想，还会在相互作用中形成自己独特的文化特征，构成大学校园文化共同体中一种相对独特的文化形态。

第三节　把握动向：大学校园文化建设个性化发展趋势

特色大学校园文化的打造和构建是一个复杂的系统工程。在构成大学校园文化的物质、精神、行为、制度等多个文化层面上，特色、个性的形成已成为各学校努力探索和追求的目标，也是各学校打造教育品牌、塑造独特形象、形成竞争力的基本途径。那么如何在大学校园文化建设中体现自己的特色和传统，使自己的大学校园文化张扬个性、独具魅力？

一、彰显办学特色，形成学校的立校之基

随着高等教育事业的蓬勃发展，学校间的质量竞争、人才竞争、资源竞争日趋激烈，而这种竞争早已不是争一时之优劣、究一事之长短的竞争，而是立足学校可持续发展的品牌的竞争、特色的竞争、整体实力的竞争。打造教育品牌、彰显办学特色、提升综合实力已成为校园特色文化建设的核心内容。

特色办学理念的提炼。办学理念就是学校对自身办学的理性思考和定位，它包括办学思想、办学目标、人才规格等核心要素的确立，在构成学校核心竞争力的过程中起着至关重要的作用。日本筑波大学之所以能在学校强手如林的日本乃至世界占有一席之地，跻身名校的行列，其根本原因就在于它在2004年提出的办"开放性大学"的目标并为之不懈努力。

特色学科（专业）的建设。学科（专业）建设是学校建设的主线，它集中体现了学校的办学特色、发展方向、办学水平、学术地位和核心竞争力，标志着一所大学在国内外的地位和影响。哈工大的航天、武大的测绘、中科大的数控和激光等就像是各学校的金字招牌。武汉船舶职业技术学院作为一所有影响力的高职院校、全国职业教育先进单位，在长期的办学实践中，坚持"立足船舶、服务军工、面向社会"的办学思想，打"船"字牌，形成了以"船体、船机、船电"三大船舶类专业为支撑的专业体系，形成了自身的特色和优势。

特色形象工程的塑造。学校的社会形象、知名度、美誉度是学校发展的重要无形资产，也是学校持续发展的重要文化支撑。高等教育发展到今天，早已不是"酒香不怕巷子深"的时代了，因此，学校要加大自身的宣传力度，"走出去""请进来"相结合，增进学校与社会的双向了解和融合，使学校在愈来愈激烈的人才竞争中取得主动。

二、提炼大学精神，形成大学的精神动力

大学精神是一所大学的魂，它集中反映了一所学校的特殊本质、个性及精神风貌。一所学校的文化传统、精神氛围、理想追求、人文气象是最具凝聚力、向心力和生命力的，是一所大学最具特色的标志。

大学精神的提炼，既是历史传承的沉淀，也是现实的积累和创造，它包含着思辨、精神倡导、价值取向、理论导向、舆论引领等多重文化内容，是一所大学百年不腐的精神支撑和力量源泉。北京大学在蔡元培先生任校长时形成的"思想自由、兼容并包"的精神，在北京大学的发展中发挥了至关重要的作用，

多年来引领着北大人傲然前进、卓尔不群，引领着北大成为中国现代史上人才辈出、思想活跃的著名学府，"兼容并包"的大学精神已成为北京大学个性鲜明、独具魅力的文化名片。清华大学"自强不息、厚德载物"的大学精神承载着百年清华自省自立、自尊自强的群体性格，承载着梁启超、闻一多等众多先贤高傲的人格，同时承载着清华人所倡导的"如大地般博大宽厚的胸怀"。独特的大学精神使清华成为中国大学的翘楚，成为中国学子心目中的圣殿。

三、整合文化资源，形成学校的人文气象

学校文化资源的整合和运用是特色校园文化建设中最直观、最有效、最鲜活的部分。大学校园文化资源，从精神文化的层面上包含学校在历史传承中积淀的一切积极的、向上的精神养分；从物质文化的层面上包含学校的教科研设施、地理特征、区位优势、建筑风格、人文景观、历史遗胜、标志图识等诸多方面；从制度文化的层面上包括学校在长期的办学过程中沿袭而来的传统、制度和规范；从行为文化的层面上包括学校的师资力量、名人风范、教风、学风、行为气质、学校氛围、学术风气等诸多方面。国际国内知名大学之所以能引领时代，为世人所追慕，无不是在特色校园文化的打造中取得了成功，无不精心整合其特色的文化资源并将其文化功能发挥到极致。

著名的哈佛大学，其大学校园文化始终凝聚着一种强烈的求实崇真、革故鼎新的办学理念，正是凭着革故鼎新的精神和忧患意识，哈佛大学才能历经百年而不衰，也正是这种永远向上、不断进取的大学校园文化氛围，才使哈佛成为名人辈出的沃土与摇篮。

四、体现学校领导和教师的个人特色

学高为师，身正为范，教师的为人师表对学生的世界观、人生观、价值观的影响是巨大的，对大学校园文化的形成有特殊的作用。学校的创始人、历届校长对校园的影响十分巨大。北大的蔡元培、清华的梅贻琦、南开的张伯苓，这些创始人或历届校长的教育思想、思维定式、个人偏好，都会对学校的微观文化产生举足轻重的影响。他们的人格魅力、治校理念也必然反映到所设计的大学校园文化中。学校的著名教授和导师以及普通教师的学风、教风和道德情操也会起到示范作用，形成一种风气。20 世纪 20 年代，清华大学的四位国学大师——王国维、梁启超、陈寅恪、赵元任以及后来的闻一多、吴晗和朱自清

等教授对清华校园文化的影响是举足轻重的。闻一多先生的大量爱国诗歌和演讲，不但高高举起清华爱国的火炬，而且在艺术上体现了真、善、美的价值，启发人的心智。当人们漫步于清华园荷花池时，会情不自禁地想起朱自清先生的《荷塘月色》，想到先生的不畏清贫、高洁、正直，满池的荷花、优美的文章正是他人格的写照，见贤思齐的激情在学生心中涌动。因此，大学校园文化建设中应充分体现学校领导和教师的个人特色。这需要一代代的师生、一任任的校领导的共同努力，需要他们重视个人形象的塑造，做到为人师表，并充分彰显个人魅力，引领学校风气。

在高等学校大发展、满园争春的情况下，每个学校只能以特色取胜，其大学校园文化理应成为一朵奇葩，为学校增色添彩，这样才能在市场经济的大潮中尽显风流，不为时代所淘汰。大学校园文化是显现学校办学理念的一个标志，是办学特色的名片。学校只有顺应时代的发展，主动迎接新世纪的挑战，建立稳定、健康、有特色的大学校园文化，才能在新的时代背景和教育背景下发展壮大。

参考文献

一、著作

[1] 葛金国. 校园文化建设导论 [M]. 合肥：安徽大学出版社,2003.

[2] 贾霄燕,柏林,王静,等. 高校校园文化建设探索 [M]. 石家庄：河北人民出版社,2015.

[3] 李海红. 校园文化建设理论探索与实践案例 [M]. 北京：光明日报出版社,2018.

[4] 笙长军,才忠喜,陈忠平. 大学校园文化建设理论研究 [M]. 哈尔滨：哈尔滨地图出版社,2009.

[5] 寿韬. 大学校园文化的设计与实践 [M]. 北京：中国林业出版社,2004.

[6] 宋德新. 大学校园文化建设 [M]. 天津：天津人民出版社,2006.

[7] 王丹平. 文化·力量：大学校园文化建设 [M]. 广州：华南理工大学出版社,2016.

[8] 王菁华. 传播技术与大学文化生态 [M]. 青岛：中国海洋大学出版社,2017.

[9] 王立新,郑宽明,王文礼,等. 大学生素质教育概论 [M]. 北京：科学出版社,2006.

[10] 卫世文,骆玉安. 大学校园文化建设论 [M]. 呼和浩特：远方出版社,1997.

[11] 阎德明. 现代学校管理学 [M]. 北京：人民教育出版社,2005.

[12] 姚锡远. 大学生态校园建设研究 [M]. 成都：西南交通大学出版社,2016.

[13] 张官禄. 大学校园文化建设概论 [M]. 北京：中国审计出版社,2000.

[14] 周国桥. 高校校园文化建设管理研究 [M]. 天津：天津科学技术出版社.2018.

二、期刊

[15] 王志强,代以平. 论高校创业教育的本质与逻辑 [J]. 兰州大学学报 (社会科学版),2017,45(5):171–178.

[16] 纪宝成.对大学理念和大学精神的几点认识[J].中国高等教育,2004(1):34-44.

[17] 刘亚敏.自由、独立与批判:大学的精神执守[J].国家教育行政学院学报,2006(5):48-52.

[18] 蒋洪池.新世纪高校校园文化的功能及塑造[J].高教论坛,2003(1):130-133.

[19] 朱京凤.目前大学校园文化建设的核心内容[J].中国成人教育,2010(4):34-35.

[20] 孟凡华.试论大学校园文化建设[J].南华大学学报(社会科学版),2010,11(2):81-84.

[21] 李海燕,张峰.用科学发展观统筹大学校园文化建设[J].邯郸职业技术学院学报,2008,21(2):65-67.

[22] 刘一.大学文化的功能与构建[J].大学教育,2018(1):119-121.

[23] 张寿芝.坚持中国特色社会主义文化发展道路加强大学校园文化建设——基于文化强国建设视域下的大学校园文化建设路径探析[J].昌吉学院学报,2018(2):1-5.

[24] 淑琴.新时代大学文化建设机遇和挑战[J].科教文汇(下旬刊),2018(8):135-136.

[25] 崔青春,孙洪彬.自媒体时代的大学校园文化建设新路径探讨[J].课程教育研究,2018(2):228-229.

[26] 郑岩.新媒体时代下高校校园文化建设的困境与对策[J].学理论,2019(12):130-131.

[27] 杨冬梅.知识经济背景下大学校园文化建设[J].营销界,2019(46):143+150.

[28] 蔡亮,张策华.论新时代大学文化的创建途径[J].江苏高教,2019(12):138-141.

[29] 裴秋芬.校园文化建设的三重价值维度研究[J].学校党建与思想教育,2019(4):79-81.

[30] 赵秀丕.新媒体环境下高校校园文化建设的机遇、挑战与对策[J].中国多媒体与网络教学学报(中旬刊),2019(2):120-121.

[31] 高汉忠,梁飞琴.人文精神视域下校园生态文化建设的路径探析[J].高校后勤研究,2019(1):53-56.

[32] 李慧 . 新媒体对大学校园文化建设的影响及思考 [J]. 智库时代 ,2019(11):216–217.

[33] 刘尊旭 ."双一流"大学校园文化建设初探 [J]. 管理观察 ,2019(16):103–104+107.

[34] 张彩艳 . 浅谈大学校园文化建设 [C]// 中国教育发展战略学会教育教学创新专业委员会 .2019 全国教育教学创新与发展高端论坛论文集（卷十一）. 北京：中国教育发展战略学会教育教学创新专业委员会 ,2019:3.

[35] 林丽群 . 社会主义核心价值观引领高校校园文化建设实现机制研究 [J]. 高教学刊 ,2020(2):55–57.

[36] 严树 , 张欣 , 谢妙 . 基于微信平台的高校校园文化建设 [J]. 高教学刊 ,2020(11):62–64+69.

[37] 高石磊 . 大学文化育人功能的实现路径 [J]. 中国高等教育 ,2020(5):55–57.

[38] 程亮 . 社会主义核心价值观融入高校校园文化建设实践研究 [J]. 长治学院学报 ,2020,37(1):92–95.

[39] 杜彩芹 , 姜德辉 , 王春斌 . 基于和谐理念的高校校园文化建设研究 [J]. 河北北方学院学报 (社会科学版),2020,36(1):102–105.

[40] 叶勇 . 高校公共突发事件中网络舆论的特点与功能研究 [J]. 教育探索 ,2008(1):128–129.

[41] 马笑南 , 吴双 , 李凡 , 等 . 大学校园文化的自我展现和传承研究 [J]. 山东工业技术 ,2019(11):237.

三、学位论文

[42] 陈义红 . 新媒体环境下大学校园文化建设的创新研究 [D]. 武汉 : 华中师范大学 ,2014.

[43] 田静 . 新媒体环境下大学校园文化建设研究 [D]. 青岛 : 青岛理工大学 ,2016.

[44] 高婷婷 . 思想政治教育视域下大学校园文化建设研究 [D]. 西安 : 西安科技大学 ,2014.

[45] 王艺菲 . 校园文化传承视角下的大学新校园语言景观研究 [D]. 南宁 : 广西大学 ,2019.

[46] 李俊池 . 新时代我国大学文化建设研究 [D]. 西安 : 西安科技大学 ,2019.

[47] 李西京 . 中华优秀传统文化融入高校校园文化建设研究 [D]. 西安 : 西安科技大学 ,2019.

[48] 庄彧 . "立德树人" 视域下的大学文化研究 [D]. 西安 : 西安科技大学 ,2019.

[49] 修新路 . 当代中国大学生文化研究 [D]. 大连 : 大连理工大学 ,2019.

[50] 陈臣 . 大学生社会主义核心价值观教育机制创新研究 [D]. 北京 : 北京交通大学 ,2019.

[51] 陆凯 . 高校学生社团文化建设研究 [D]. 大连 : 大连理工大学 ,2019.

[52] 宁凯 . 新时代大学的文化自信教育策略研究 [D]. 哈尔滨 : 哈尔滨师范大学 ,2018.

[53] 于雪晶 . 新媒体时代大学校园文化思想政治教育功能研究 [D]. 南京 : 南京邮电大学 ,2018.

[54] 张小雨 . 自媒体时代大学文化建设研究 [D]. 武汉 : 武汉理工大学 ,2018.

[55] 白荣宝 . 高校校园网络舆论及其引导研究 [D]. 大连 : 大连理工大学 ,2010.